AF500369

ŒUVRES

DE

SAINT-SIMON & D'ENFANTIN

PRÉCÉDÉES DE DEUX NOTICES HISTORIQUES

XXIIe VOLUME

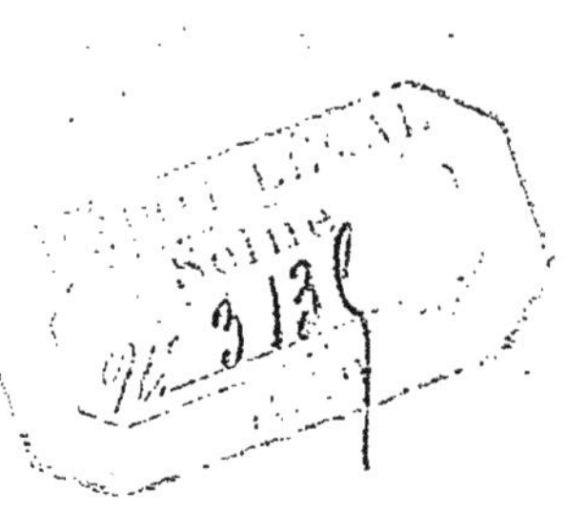

ŒUVRES

DE

SAINT-SIMON

PUBLIÉES PAR LES MEMBRES DU CONSEIL

INSTITUÉ PAR ENFANTIN

POUR L'EXÉCUTION DE SES DERNIÈRES VOLONTÉS

SIXIÈME VOLUME

PARIS
E. DENTU, ÉDITEUR
LIBRAIRE DE LA SOCIÉTÉ DES GENS DE LETTRES
PALAIS-ROYAL, 17 ET 19, GALERIE D'ORLÉANS

1869

DU

SYSTÈME INDUSTRIEL

PAR

HENRI SAINT-SIMON

Dieu a dit : Aimez-vous et secourez-vous les uns les autres.

T. II.

1821

IVe LETTRE

A MESSIEURS LES INDUSTRIELS

Messieurs,

L'exemple de la nécessité dans laquelle les Anglais se sont trouvés de chasser les Stuarts, pour établir solidement le régime parlementaire, présente à la faction ennemie des Bourbons un moyen puissant, dont elle sait tirer parti avec son adresse ordinaire. Mais toute la force de ce moyen repose uniquement sur une analogie supposée de circonstances, qui n'est qu'apparente, et qui disparaît aussitôt qu'on examine les choses d'une manière un peu approfondie. C'est ce dont, Messieurs, vous serez convaincus, j'espère, après avoir pesé les considérations suivantes, qu'il me suffit de vous exposer sommairement.

Le changement que doit éprouver aujourd'hui la royauté en France diffère absolument, par sa nature, de celui qu'elle a subi en Angleterre, en vertu de l'établissement du régime parlementaire.

La royauté a été, dans l'origine, une institution purement féodale. Mais, depuis l'affranchissement des communes, elle s'est modifiée constamment ; elle est devenue en partie industrielle. Le caractère industriel de la royauté a pris de plus en plus d'extension et d'importance ; le caractère féodal en a, au contraire, de plus en plus perdu, à mesure que les progrès de la civilisation ont élevé l'industrie et abaissé la féodalité ; de telle sorte que la destination finale de la royauté est, par la nature des choses, de perdre tout vestige de féodalité, pour se reconstituer et fleurir à jamais comme institution purement industrielle. En France, la royauté est aujourd'hui appelée, par l'état présent où la civilisation y est parvenue, à faire ce grand pas. Mais l'Angleterre, à l'époque de sa révolution, était bien en arrière d'un tel but. Le seul perfectionnement que le progrès des lumières permît alors se réduisait à limiter, le plus possible, le parti féodal du pouvoir royal. L'établissement du régime parlementaire a porté en effet cette modification aussi loin qu'elle pouvait l'être.

Il y a donc, entre les deux états de choses que nous comparons, la différence essentielle d'une simple modification à une entière réorganisation sur de nouvelles bases. Or, il résulte de cette différence, que les motifs qui ont rendu nécessaire aux Anglais un changement de dynastie ne peuvent nous être aucunement applicables.

En effet, le caractère féodal de la royauté étant amorti par la modification anglaise, sans que son caractère industriel fût mis en activité, le pouvoir royal se trouvait évidemment éprouver, par là, une perte sans compensation. On conçoit donc que les Stuarts se trouvaient naturellement constitués en opposition forcée à l'établissement du régime parlementaire. De là l'utilité, pour la nation anglaise, d'appeler à leur place une dynastie à laquelle le fait même de son installation imposât la nécessité de s'accommoder à ce régime. Il serait effectivement assez difficile de concevoir que la modification eût pu se consolider autrement.

Les mêmes motifs n'existent point aujourd'hui en France.

La royauté, par l'établissement du régime industriel, devant perdre tous les débris de féodalité qui lui restent, mais en même temps donner l'essor le plus étendu à son caractère industriel, il n'y a plus ici de perte sans compensation ; il n'y a pas même de perte réelle ; c'est seulement remplacer un certain emploi d'activité par un autre d'une nature très-supérieure ; c'est renoncer à une action usée et presque nulle, dont il ne reste à peu près que l'apparence extérieure, pour exercer une action neuve, en rapport avec l'action générale du corps social, et qui, par conséquent, comporte le plus grand développement. On doit donc voir, dans une telle transformation, au lieu d'une perte pour la royauté, un gain réel et immense. C'est ainsi que le pouvoir royal la considérera nécessairement, aussitôt que les idées auront été éclaircies et fixées à cet égard par la discussion. Bien loin donc de devoir craindre qu'elle s'oppose alors à la marche des choses, vous devez naturellement penser, Messieurs, qu'elle adoptera avec ardeur ce perfectionnement. Si vous ne croyez point en ce moment qu'il en sera ainsi, et si, en effet, telles ne sont point encore les intentions de la royauté, cela tient uniquement, de votre part et de la sienne, à ce que la nature véritable du changement à opérer n'est point encore nettement déterminée, et ne se présente, à vos esprits comme au sien, que d'une manière tout à fait vague. Voilà la cause fondamentale de l'effroi que lui inspire l'idée de ce changement, et, par suite, de la défiance que cet effroi vous fait concevoir sur sa volonté d'y coopérer. Or, cette cause, ainsi que je viens de vous le prouver, doit inévitablement disparaître, aussitôt que vous le voudrez ; car c'est de vous que dépend l'ouverture de la discussion à ce sujet.

Il s'ensuit donc, en dernière analyse, conformément à ce que j'avais avancé, que des raisons tout à fait analogues à celles qui ont déterminé les Anglais à opérer un changement de dynastie, conduisent, pour la France, à une conclusion directement opposée. L'exemple des Stuarts se trouve donc être absolument inapplicable aux Bourbons. Il y a plus même : la raison pour laquelle cet exemple ne leur est point applicable fournit, en l'approfondissant davantage, une considération puissante en leur faveur. Car, ainsi que je l'ai indiqué dans la Lettre précédente, la réorganisation de la royauté sur des bases industrielles ne saurait être aussi complète et aussi décisive qu'il se peut, qu'en s'opérant sous la même dynastie qui a exercé le pouvoir royal avec son ancien caractère féodal.

Du reste, Messieurs, l'erreur que je viens de combattre tient à l'erreur plus générale qui tend à représenter la révolution française comme une simple répétition de la révolution anglaise. Ainsi, j'aurai plusieurs occasions de revenir sur ce sujet dans la suite de mes travaux ; la discussion de cette erreur capitale occupera une place spéciale. Je crois avoir suffisamment constaté, par ce qui précède, que le fait de l'expulsion des Stuarts n'a aucune valeur relativement aux Bourbons. Poursuivons l'examen de l'opinion anti-bourbonienne.

Les motifs que j'ai discutés jusqu'à présent, quoique très-peu solides, ont cependant une certaine gravité ; ceux qui me restent à examiner sont, en eux-mêmes, bien puérils ; mais il est néanmoins de la plus haute importance de les prendre en considération, parce qu'ils ont sur vous une influence extrême ; ils s'adressent à vos passions. C'est sur elles que le parti opposé aux Bourbons fonde ses principales ressources[1].

1. En général, cette faction, qui s'est constituée si audacieusement l'avocat exclusif du progrès des lumières, n'aime pas le raisonnement ; ce n'est pas sur lui qu'elle compte pour la réussite de ses projets. Elle élude même avec le plus grand soin toute discussion sérieuse et approfondie

La passion qu'on a le plus cherché à mettre en jeu, chez vous, dans le dessein de s'en faire une arme offensive contre les Bourbons, c'est l'amour-propre national. On s'est étudié de toutes les manières, et on est malheureusement parvenu à lier dans votre esprit, d'une part, avec l'idée de la noblesse de Napoléon celle d'une haute gloire nationale, à tout jamais regrettable, acquise sous sa domination, et qu'elle seule peut ranimer ; et, d'une autre part, avec l'idée des Bourbons, celle de l'humiliation et de la décadence du nom français.

J'avoue, Messieurs, que si quelqu'un pouvait observer cette double association d'idées sans être révolté, il ne saurait ce qu'il doit admirer le plus, ou de l'adresse perfide de la faction anti-bourbonienne, ou de votre bonhomie.

Qui d'entre vous aurait pensé, Messieurs, dans le temps que vous supportiez avec amertume tous les fléaux que la domination de Bonaparte faisait tomber sur vous, que, quelques années après, et lorsque cette domination aurait cessé, une telle époque vous serait impudemment re-

sur les questions politiques fondamentales. Ce fait mérite quelqu'attention.

présentée comme un objet de regret, comme la période la plus belle et la plus honorable de l'histoire de la nation française? Qui d'entre vous surtout aurait prévu qu'à force d'entendre répéter ces déclamations sur tous les tons possibles, vous finiriez par y ajouter foi? Quoi! les industriels, dont les intérêts et les habitudes sont si éminemment pacifiques, ceux-là même qui avaient si ardemment provoqué et si sincèrement ratifié la déclaration solennelle faite par l'Assemblée Constituante, de renonciation à toute guerre offensive, et après avoir éprouvé tous les désastres que l'oubli de cette déclaration avait attirés sur eux, ont pu en venir aujourd'hui à concentrer leur amour-propre national tout entier sur les dévastations européennes des lieutenants de Bonaparte, et à tel point, que quiconque ne caresse point ce préjugé est certain de leur déplaire!

Non, Messieurs, un tel aveuglement ne saurait durer. Vous ne tarderez pas à reconnaître combien il est ridicule, dans l'état actuel de la civilisation, de se glorifier du succès d'une bataille comme du gain d'une partie d'échecs, abstraction faite du but de la guerre. Vous sentirez, d'esprit et d'âme, que les industriels allemands, espagnols, etc., sont bien plus vos frères et vos co-intéressés que les compagnons de Bonaparte. Vous verrez bientôt que votre absurbe admiration n'aboutit, en réalité, pour vous, qu'à alimenter l'influence d'une faction dangereuse qui aspire à vous exploiter de nouveau. Votre cœur, enfin, rejettera toute idée de communauté et de coopération avec les affidés de Napoléon aussi fortement qu'il repousse aujourd'hui le moindre soupçon de connivence avec les complices de Robespierre. Vous pourrez amnistier leur conduite, mais vous ferez cesser le scandale d'en tirer vanité.

Je n'ai pas besoin d'insister à présent, Messieurs, sur l'injustice que vous commettez, à l'instigation de la noblesse nouvelle, en faisant porter sur les Bourbons l'idée d'humiliation nationale qu'on attache à l'invasion de la France par les peuples européens. D'abord, Messieurs, il faut le reconnaître avec franchise et l'avouer avec fermeté, c'est une faiblesse dans une nation comme dans un individu, de s'humilier d'une leçon quand on se l'est attirée. L'invasion de la France, qu'on se plaît tant à représenter comme un événement presque accidentel, a été le résultat nécessaire de la juste et inévitable réaction provoquée en Europe par le système anti-social de politique extérieure que nous nous étions laissé imposer par Bonaparte et ses adhérents. Et en voulant y voir une humiliation, c'est évidemment sur ces hommes, et non sur les Bourbons, qu'il faut en faire retomber le poids.

Je ne ferai également qu'exposer en raccourci un autre moyen très-puissant employé par la faction anti-bourbonienne, et qui n'est que la généralisation du précédent. On vous parle sans cesse *des intérêts de la révolution ;* c'est là phrase banale et convenue : partout, et dans toute occasion, on proclame avec emphase que le but de la cause dite *libérale,* que vous prenez pour la cause industrielle, est de faire triompher *les intérêts de la révolution,* et on insinue avec adresse que les Bourbons sont un obstacle insurmontable à ce triomphe. Permettez-moi de le dire, Messieurs, je ne puis voir là qu'une véritable mystification : je me servirais d'une expression plus grave, si j'en connaissais d'aussi exacte.

Étrange puissance des mots, qui tient à la confusion des idées ! Vous êtes, Messieurs, et certes avec raison, profondément et opiniâtrément attachés à la révolution, en ce sens que vous désirez avec une ardeur constante le changement réel du régime qui en a été le véritable but depuis son origine, et vous sentez en même temps, d'une manière vague, que ce but n'est point encore atteint, sans pouvoir assigner distinctement ce qui vous manque pour qu'il puisse l'être. Ce qui vous manque! le parti qui a usurpé votre confiance va vous l'apprendre. Grâce à ce vague et à cette incertitude, il est venu à bout, par une expression adroitement employée, de substituer, dans votre esprit, les intérêts de tous ceux qui se sont enrichis à vos dépens depuis 1789, et qui ont si fort avancé vos affaires, à la cause industrielle que la révolution a eu pour objet de faire triompher. Par ce moyen, il est parvenu à vous faire désirer, comme devant constituer le triomphe de cette cause, le succès des projets ambitieux des élèves de Robespierre et de Bonaparte, lesquels, aussitôt en possession du pouvoir, n'auraient rien de plus pressé que de s'opposer de toutes leurs forces à l'établissement du régime industriel. Tel est cependant le véritable état des choses pour quiconque n'a pas les yeux fascinés.

Ce n'est point sur le passé, Messieurs, que vous devez porter votre vue, c'est sur l'avenir :

vous ne devez vous rappeler le passé que pour profiter des expériences que vous y avez si chèrement achetées. Ce qui doit uniquement vous occuper, c'est le succès de la cause industrielle, but réel, à la vérité, de la révolution, mais dont, après qu'il a été vaguement signalé à l'origine, on ne s'est jamais moins occupé que dans cette période.

Quant aux intérêts politiques qui se sont créés pendant cette époque, vous n'auriez à défendre que ceux attachés à la division des propriétés, opérée par la vente des biens privilégiés, quoique vous deviez néanmoins regretter, en principe, que cette division n'ait pas été effectuée paisiblement, à la manière industrielle, au lieu d'avoir été arrachée par la violence, à la manière féodale. Mais ces intérêts sont inattaquables, et vous ne pouvez pas craindre sérieusement qu'ils soient attaqués de manière à vous causer quelqu'inquiétude. Hors cette seule exception, vous n'avez absolument rien de commun avec ce qu'on appelle *les intérêts de la révolution;* ils sont tous, au contraire, éminemment opposés aux vôtres, et vous devez désirer ardemment que leur ambition soit réprimée. Du moins, laissez-en la défense aux intrigants auxquels ils appartiennent.

Je crois avoir discuté, Messieurs, tous les motifs principaux de l'opinion anti-bourbonienne, et ceux que je puis avoir négligés ne sauraient être d'une grande importance, à moins de rentrer dans les précédents. Je terminerai cet examen par une comparaison qui me semble devoir être tout à fait décisive pour vous déterminer à abandonner à elle-même la noblesse de Bonaparte, et à vous lier franchement et indissolublement avec les Bourbons.

Vous supposez à la dynastie des Bourbons une volonté très-prononcée et invariable de s'opposer à l'établissement du régime industriel. Je crois avoir apprécié vos craintes à cet égard à leur juste valeur, par les réflexions contenues dans ces deux Lettres. Mais, n'importe, passons un instant condamnation sur cet article. En revanche, vous m'accorderez, j'espère, que la féodalité de Bonaparte, si elle parvenait à s'emparer du pouvoir, en mettant sur le trône une dynastie nouvelle, aurait la même volonté, et au moins au même degré. Cela convenu de part et d'autre, avez-vous comparé, Messieurs, les moyens qu'on pourrait vous opposer dans l'une et dans l'autre hypothèse ? Cette comparaison est, dans une telle supposition, ce qui devrait déterminer votre opinion définitive. Or, voici l'esquisse de ce parallèle.

Sans doute, Messieurs, les forces temporelles, véritables et permanentes de la société, en faisant abstraction de la royauté, résident en vous, uniquement en vous. Mais cependant des forces étrangères peuvent avoir, indépendamment de vous, et même malgré vous, une existence factice et éphémère, il est vrai, qui peut néanmoins se soutenir à un certain degré pendant quelque temps. Il serait impossible que la féodalité de Bonaparte ne finît par succomber dans sa lutte contre la puissance industrielle, aussitôt que vous l'auriez voulu fermement. Mais elle pourrait résister et retarder l'établissement du régime industriel pendant un intervalle plus ou moins considérable. Sa clientèle est nombreuse, énergique, active et fortement organisée. Outre cela, Messieurs, on ne saurait penser sans effroi que, dans le cas d'une lutte ouverte, elle pourrait mettre momentanément le peuple de son côté. Quoique vous soyez les chefs naturels et permanents du peuple, et qu'il vous reconnaisse habituellement comme tels, l'expérience vous a prouvé qu'il pouvait être entraîné pendant quelque temps sous la bannière des militaires et des légistes. Vous pensez avec raison que l'influence que les agitateurs pourraient avoir sur lui est aujourd'hui beaucoup diminuée, et qu'il faudrait les plus grands efforts pour le désorganiser. Mais cette influence n'est point entièrement annulée, ces efforts ne sont pas absolument impossibles. Le dogme de l'égalité turque [1], c'est-à-dire de l'égale admissibilité à l'exercice du pouvoir arbitraire, peut encore faire, si vous n'y prenez garde, de grands ravages : il n'est point tout à fait émoussé. Quel moyen avez-vous de lutter contre les séductions de ce dogme, avant d'avoir pu donner au peuple des notions nettes et précises sur ses véritables intérêts ? La perspective sûre, mais progressive, des améliorations que

1. Je désigne cette sorte d'égalité par l'épithète de *Turque*, parce qu'en effet les Turcs la possèdent depuis fort longtemps. Elle est précisément le contraire de la véritable égalité, de l'égalité industrielle, qui consiste en ce que chacun retire de la société des bénéfices exactement proportionnés à sa mise sociale, c'est-à-dire à sa capacité positive, à l'emploi utile qu'il fait de ses moyens, parmi lesquels il faut comprendre, bien entendu, ses capitaux. On ne peut concevoir rien de plus opposé à cette véritable égalité, fondement naturel de la société industrielle, que le système anti-social en vertu duquel chacun jouirait à tour de rôle du pouvoir arbitraire, puisque alors on accorderait les avantages sociaux sans aucune condition ni proportion quelconque d'utilité produite.

doit lui procurer nécessairement la grande extension donnée à la culture, à la fabrication et au commerce, par l'établissement du régime industriel, ne peut point suffire, sans des lumières qu'il ne possède point encore assez, pour l'empêcher de se livrer momentanément à l'appât éventuel, mais immédiat, que peut lui présenter la féodalité militaire et jacobine. Si la loterie fait encore tant de dupes, pourquoi le dogme de l'égalité anti-industrielle n'en ferait-il plus? Il y a donc là, Messieurs, un danger réel qui mérite de fixer toute votre attention, en ce qu'il peut retarder, sous l'influence de la nouvelle noblesse, l'établissement du régime industriel.

Il faut avouer, Messieurs, que s'il existe pour vous, de ce côté, un danger aussi véritable, il est fort étrange que vous vous amusiez à craindre les tracasseries ridicules de l'ancienne noblesse, qui n'a plus aucune force politique personnelle, qui est sans la moindre influence sur le peuple, aussi bien que sans la moindre possibilité d'en acquérir, et qui ne subsiste politiquement que des aumônes de la royauté. Si ces trois assertions sont vraies, comme il vous est impossible d'en douter, il s'ensuit évidemment que, dans le cas même où vous supposeriez à la royauté actuelle l'intention formelle de s'opposer à l'établissement du régime industriel, ne pouvant compter que sur la coopération de l'ancienne noblesse, laquelle ne peut lui être d'aucune efficacité, elle n'aurait aucun moyen de le retarder un seul instant, et l'impossibilité palpable de la lutte la préviendrait nécessairement. Mais il s'ensuit, avec encore plus de raison, que cette même considération de la nullité politique de l'ancienne noblesse, qui ne saurait manquer de devenir évidente aux yeux de la royauté, la déterminerait immédiatement à se liguer avec vous, aussitôt que vous auriez dissipé son inquiétude fondée et sa juste défiance, en rompant formellement avec la noblesse de Bonaparte.

Je crois avoir prouvé, Messieurs, par la comparaison que je viens d'esquisser, et que chacun de vous peut aisément détailler, que l'établissement du régime industriel peut et doit même, sans aucun doute, être retardé plus ou moins longtemps par la nouvelle féodalité, si vous ne vous opposez promptement à la réussite de ses projets; tandis que, du côté des Bourbons, il n'y a aucune chance pour cela, même en admettant, contre toute vraisemblance, qu'ils en eussent la volonté, qui ne pourrait seulement se présenter à leur esprit, si vous vous déterminiez à lier la cause de l'industrie à la leur.

J'ai l'honneur d'être, Messieurs,

Votre très-humble et très-obéissant serviteur.

V^E LETTRE

A MESSIEURS LES INDUSTRIELS

Messieurs,

Dans les Lettres précédentes, je n'ai discuté que d'un point de vue national l'opinion d'un changement de dynastie. Il me reste, pour en compléter l'examen, à la présenter à votre esprit sous un point de vue plus élevé, sous le point de vue européen.

Messieurs, le grand mouvement de civilisation dans lequel la marche des choses entraîne le peuple français depuis 1789 ne doit point être considéré comme simplement national. Il a un caractère plus général. Toutes les nations occidentales de l'Europe y participent d'une manière plus ou moins facile à discerner. C'est ce dont les trois exemples récents de l'Espagne, de Naples et du Portugal viennent de vous donner la preuve la plus évidente. Vous ne pouvez vous dispenser d'envisager l'état de votre cause sous cet aspect important, pour vous former une idée complète de votre véritable situation politique. Entrons, sur ce sujet, dans quelques développements.

Depuis l'établissement universel de la domination romaine dans l'occident de l'Europe, il a toujours existé, entre les différentes nations qui en font partie, une sorte de lien d'homogénéité politique, qui, malgré des différences nationales très-réelles, leur imprime un caractère de communauté, et les sépare absolument, à cet égard, des États de l'Europe orientale. Leur civilisation s'est développée d'une manière à peu près uniforme, au moins sous les rapports les plus essentiels, quoiqu'elle n'ait point marché partout avec la même vitesse. Cette similitude est toujours devenue plus entière à mesure que le progrès des lumières a facilité et multiplié les communications de tout genre.

Jusqu'à présent, cette analogie ne s'est présentée que comme un résultat forcé de la nature des choses à laquelle les peuples ont obéi involontairement et sans s'en apercevoir. La formation des sociétés modernes, dans le moyen âge, ayant eu lieu chez ces diverses nations, de la même manière, à peu près à la même époque, et lorsqu'il existait déjà entre elles, en vertu d'une domination commune, une grande conformité politique, il a bien fallu, de toute nécessité, que leur marche ultérieure se ressentît jusqu'à un certain point de cette communauté d'origine, et qu'il s'établît, de fait, sans aucun dessein, une certaine similitude et une certaine simultanéité dans leurs progrès. Mais aujourd'hui, au lieu de cette simple analogie, il peut et il doit même se former entre ces peuples une véritable combinaison d'efforts politiques, ayant pour objet l'établissement du régime industriel, qui a toujours été leur destination finale commune, et qui doit être aujourd'hui leur but à tous, quoique tous n'en soient pas également approchés. La possibilité, ou, pour mieux dire, la nécessité d'une telle combinaison, est un des résultats les plus importants et les plus heureux du progrès des lumières [1].

1. Ce que je viens d'avancer sera plus tard le sujet d'un examen spécial et direct. La question que je traite ici m'oblige à me borner, pour le moment, sur cet article, à des indications générales.

Pour faire sentir toute l'importance de cette grande combinaison européenne, je me propose de démontrer : 1° que l'établissement complet du régime industriel serait impossible dans chaque nation isolément, si tous les peuples de l'Europe occidentale ne s'en occupaient simultanément; 2° que si, à la vérité, la marche de la civilisation a réservé à

Ainsi, Messieurs, la cause dont vous devez poursuivre le triomphe n'est pas simplement française, elle est européenne. Dans l'action que vous êtes appelés à exercer en France, vous devez vous regarder comme les collaborateurs de tous les industriels de l'Europe occidentale. A vos devoirs nationaux, se joignent donc, Messieurs, des devoirs d'une nature plus générale, des devoirs européens, fondés, comme les premiers, sur vos intérêts, sur le rôle que la marche de la civilisation vous assigne aujourd'hui pour l'organisation du régime industriel. Vos obligations, à cet égard, sont faciles à déterminer : elles sont renfermées dans le besoin général de vous mettre en harmonie politique avec les autres nations de l'occident européen, c'est-à-dire d'adopter immédiatement les perfectionnements introduits par elle ; et, à votre tour, de leur donner l'exemple pour la part qui vous est échue dans le travail commun.

la France l'honneur exclusif de commencer l'organisation du régime industriel, il n'en est pas moins vrai que, l'impulsion première une fois donnée, certaines portions de cette grande entreprise doivent naturellement être exécutées par celle des autres nations occidentales qui se trouve être la plus avancée, la France n'exerçant pour cette partie du travail commun, qu'une action secondaire.

En partant de ce principe, Messieurs, il est facile de vous prouver qu'il vous impose la loi de renoncer à l'opinion que la féodalité de Bonaparte est parvenue à vous inspirer, relativement à la prétendue nécessité d'un changement de dynastie, opinion que déjà vous devez abandonner par tant d'autres motifs. Vous pouvez reconnaître aisément que tout crédit accordé par vous à ce préjugé est, de votre part, une véritable rétrogradation de votre cause, sous le rapport européen, non moins que sous le rapport national.

Il vous suffira pour cela, Messieurs, d'examiner un instant l'état actuel de la cause industrielle, considérée comme cause européenne, en l'observant d'abord sous le point de vue du pas qui lui reste à faire, et ensuite sous celui du mode à adopter, pour faire admettre les perfectionnements que ce pas doit introduire.

L'Angleterre a tendu la première vers le régime industriel. Mais, vu l'état imparfait de la civilisation à l'époque où elle entreprit sa réforme politique, elle n'a pu parvenir qu'à une modification du régime féodal. C'est, en réalité, la nation française qui a été appelée, par la nature des choses, à commencer l'organisation du régime industriel. Quoiqu'elle n'ait point encore conçu nettement le véritable but de sa mission, elle en a fortement senti l'importance, et le signal qu'elle a donné en 1789 a imprimé à toute l'Europe occidentale le mouvement qui doit avoir pour résultat final l'établissement du régime industriel, et dans lequel la France doit conserver l'initiative.

Pour atteindre ce but marqué par la nature des choses, il y avait, préalablement, une condition indispensable à remplir. Il fallait commencer, avant tout, par établir, comme ordre de choses provisoire et préparatoire, le régime parlementaire inventé par les Anglais, et que l'expérience avait fait reconnaître comme étant la meilleure modification possible du système féodal. Cette condition devait d'abord être remplie par la nation française, avant qu'elle se livrât à la préparation et à la formation graduelle du système industriel, afin de pouvoir exécuter ce travail, nécessairement très-lent, avec tout le calme et toute la maturité indispensables. C'est ce qu'elle a fini par faire, après s'être égarée pendant un quart de siècle dans une direction absolument vicieuse. Mais ce premier préliminaire n'était point encore suffisant; il fallait, en outre, que la même condition fût remplie par les autres nations occidentales de l'Europe. Il était nécessaire que l'adoption du régime parlementaire fût ainsi généralisée, pour pouvoir s'occuper, sans hésitation et avec une entière sécurité, de la préparation du système industriel.

C'est là le pas essentiel que l'Espagne, et après elle Naples et le Portugal, ont fait faire aujourd'hui à la cause commune des peuples de l'Europe occidentale. Dans cet état des choses, il est évident que vous devez vous occuper, sans délai, de la formation du système industriel. La tâche préliminaire qui devait être exécutée par les autres nations d'occident vient d'être achevée. Par la nature des choses, elles ne sauraient actuellement aller plus loin, et elles ne le tenteront pas, si elles se dirigent d'après une politique sage et éclairée. C'est à la nation française qu'est destinée la fonction de commencer à mettre en activité le véritable travail organique du système industriel : rien ne peut l'en dispenser.

Il résulte, Messieurs, des considérations précédentes, que l'adoption récente du régime parlementaire par les Espagnols, les Napolitains et les Portugais, ayant terminé, de fait, le travail préalable qui devait précéder la préparation du système industriel, vous n'avez plus aucun motif réel qui puisse vous obliger à l'ajourner. Tous les obstacles véritables consistent dans votre défaut de volonté et d'activité. L'influence que vous avez laissé prendre sur votre esprit à la faction ennemie des Bourbons doit donc encore être condamnée, sous ce rapport, comme étant la cause principale qui vous détourne de travailler directement à la formation du système industriel. Sous ce point de vue, cette faction n'est pas moins anti-européenne qu'anti-française. Les autres peuples vos co-intéressés ont achevé de contribuer, autant qu'ils le devaient, au progrès de la cause commune : vous seuls ne vous élevez point au rôle qui vous est assigné, et c'est le misérable crédit que vous accordez à la féodalité de Bonaparte, qui vous retient dans cet état de subalternité politique. S'il était possible que cette action anti-sociale vous fût assez chère pour que vous puissiez hésiter à l'abandonner à elle-même, d'après votre intérêt bien démontré, vous ne devriez pas du moins balancer un seul instant à la sacrifier à la cause générale de l'Europe occidentale, qui est aujourd'hui remise entre vos mains, et du triomphe de laquelle l'Europe attend avec confiance que vous vous occupiez.

Vous trouverez, Messieurs, des motifs encore plus pressants de détester l'influence de cette faction, si vous considérez maintenant combien elle vous laisse en arrière des autres peuples occidentaux sous un second rapport, sous celui du mode à adopter dans la mise en activité des perfectionnements politiques.

Dans la révolution française, la royauté a été renversée, la dynastie qui l'exerçait a été proscrite, une partie de ses membres a été massacrée. Mais l'expérience des désastres de tous genres, qui ont été le résultat d'une telle direction, n'a point été perdue pour les autres peuples ; l'Espagne, Naples et le Portugal viennent d'établir directement le régime parlementaire, en respectant avec soin la royauté et la dynastie qui l'exerce.

Ce besoin si généralement et si profondément senti de respecter la dynastie n'a point été observé avec assez d'attention dans ces grands événements. Un tel sentiment constate néanmoins un progrès très-remarquable dans l'éducation des peuples ; il montre que les nations sont aujourd'hui arrivées au point de savoir profiter de l'expérience les unes des autres ; car il n'est pas douteux que c'est uniquement à l'exemple de la révolution française qu'on doit attribuer une aussi sage disposition. On peut apprécier quelle prudence admirable est dérivée de cette grande leçon, en considérant surtout les Portugais, qui veulent avec ardeur le maintien d'une dynastie que son éloignement, depuis plusieurs années, semblerait devoir leur faire considérer presque comme étrangère, et qui se bornent à solliciter le retour de quelqu'un de ses membres, sans que l'idée d'une autre dynastie se présente seulement à leur esprit.

Quel contraste, Messieurs, entre des sentiments aussi éminemment raisonnables, et la déplorable bonhomie avec laquelle vous accueillez les suggestions ambitieuses des élèves de Bonaparte! Votre expérience aura servi à toute l'Europe, et elle sera pour vous seuls restée comme nulle!

Il y va du véritable honneur national de ne pas vous montrer inférieurs en sagesse politique à des peuples moins éclairés que vous, et dont le seul guide est une expérience qui ne leur est point personnelle.

Quand vous ouvrirez les yeux, quand vous secouerez le joug moral que la nouvelle noblesse est parvenue à vous imposer, vous sentirez nécessairement que, bien loin de rester en arrière des Espagnols, des Napolitains et des Portugais, sous le rapport que je viens d'indiquer, vous devez au contraire, sous ce même rapport, aller plus loin qu'ils n'ont été. Le perfectionnement que vous êtes appelés à introduire dans l'organisation sociale est beaucoup plus important que celui qu'ils ont transplanté chez eux; de même, et par une conséquence naturelle, vous devez développer, en faisant admettre ce perfectionnement, une sagesse politique plus grande : je m'explique.

Ces mêmes nations qui ont donné le bel exemple d'un changement opéré dans le régime politique, en maintenant scrupuleusement les dynasties, ont eu le tort très-grave, quoiqu'il soit peut-être excusable dans leur position, d'introduire cette réforme par l'intervention des militaires. Il n'est pas inutile d'observer que c'est précisément cette circonstance vicieuse et blâmable des révolutions d'Espagne, de Naples et du Portugal, qui est présentée par-dessus tout à votre admiration par la féodalité de Bonaparte, qui se garde bien d'insister sur le fait du maintien des dynasties. Mais vous tromperez, Messieurs, on doit l'espérer, son attente sous les deux rapports; vous repousserez avec indignation toute tentative d'intervention des militaires dans le triomphe de la cause industrielle, si jamais on osait en essayer. C'est d'une manière paisible, et entièrement légale, que doit être déterminé le mouvement d'organisation du régime industriel, mouvement qui, par sa nature, est purement moral, et dans lequel la force physique ne saurait intervenir sans le dénaturer. La seule mesure qu'il vous convienne de prendre pour cela doit consister dans une adresse au Roi, signée de vous tous, Messieurs, dans laquelle, d'une part, vous déclarerez à Sa Majesté l'intention formelle de mettre un terme décisif aux inquiétudes que peuvent causer à sa dynastie les projets des ambitieux de tous les partis, et, d'une autre part, vous la supplierez de vouloir bien adopter les mesures nécessaires pour que désormais le budget soit fait et discuté uniquement par des industriels.

Messieurs, les différentes considérations que j'ai soumises à votre jugement, tant dans les Lettres précédentes que dans celle-ci, me paraissent embrasser, sous tous les rapports de quelque importance, l'examen de l'opinion anti-bourbonienne. Comme chacune d'elles n'a été présentée que d'une manière sommaire, il est inutile que je vous en offre une récapitulation.

D'après la critique individuelle de toutes les prétendues raisons qu'on vous donne à l'appui de cette opinion, vous devez vérifier ce que je vous ai indiqué d'abord, que la véritable cause originelle de la fâcheuse influence que vous avez laissé prendre dans votre esprit à ce préjugé est uniquement dans vos habitudes d'inertie politique, de défiance de vos lumières personnelles, et nullement dans la force propre de cette opinion. Vous devez actuellement être convaincus que le seul motif réel en vertu duquel cette funeste disposition habituelle vous a entraînés vers cette opinion est l'erreur commise par la royauté de s'être faite imprudemment la protectrice de l'ancienne noblesse; erreur qui n'a de fondement solide que précisément à cause de la protection aussi mal entendue, pour le moins, que vous-mêmes accordez à la noblesse de Bonaparte. Enfin, je crois pouvoir conclure, en général, de tout cet examen, que soit comme Français, soit comme membres de la grande nation formée par les peuples occidentaux de l'Europe, vous avez le plus grand tort de laisser prendre à la nouvelle féodalité aucun crédit sur vous; que vous commettez la faute la plus grave en lui confiant vos intérêts généraux, et qu'en définitive vous jouez encore aujourd'hui le rôle que vous n'avez pas cessé de jouer depuis 1789, le rôle de dupes et d'instruments entre les mains d'une troupe d'intrigants et d'ambitieux qui prennent tous les masques pour usurper votre confiance, et dont le but réel et constant est la possession pleine et entière du système d'arbitraire le plus vigoureux et le plus dispendieux qui puisse exister dans l'état présent de la civilisation.

Je vais terminer ce travail par le résumé des considérations qui se rapportent en même temps au pouvoir royal et au pouvoir industriel. Ce résumé sera l'objet de la Lettre suivante.

J'ai l'honneur d'être, Messieurs,

Votre très-humble et très-obéissant serviteur.

VI^{E} LETTRE

RÉSUMÉ DES LETTRES SUR LES BOURBONS

AU ROI ET AUX INDUSTRIELS

Sire et Messieurs,

On ne peut pas se dissimuler que le pouvoir royal et le pouvoir industriel sont, en ce moment, l'un à l'égard de l'autre, dans une disposition antipathique éminemment préjudiciable à leurs intérêts respectifs. L'objet spécial de cet écrit a été de combattre, auprès de chacun des deux pouvoirs, cette défiance réciproque. Il me reste maintenant à leur offrir le résumé des principales considérations que je leur ai présentées dans cette vue, et l'exposé des conclusions générales qui en dérivent.

Sire et Messieurs, à l'origine de la révolution, la royauté a fait preuve des dispositions les plus favorables aux industriels, en accordant au tiers-état une double représentation dans les états généraux : les industriels, de leur côté, ont manifesté d'une manière non équivoque leur vif attachement pour la royauté et pour la maison de Bourbon. Mais presque aussitôt après ce premier moment, aucun des pouvoirs n'a persisté dans cette sage direction. Depuis cette époque, il ne s'est guère fait, de part et d'autre, que des fautes. Les torts ont toujours été réciproques et égaux ; ils le sont encore aujourd'hui.

D'abord la royauté, cédant aux séductions de son entourage féodal et théologique, a pris fait et cause pour les privilégiés contre les industriels. Ceux-ci, d'un autre côté, entraînés par l'influence des légistes et par les doctrines des métaphysiciens, ont laissé renverser la royauté et proscrire la maison de Bourbon.

En second lieu, après cette funeste catastrophe, lorsque la féodalité française, étant allée, au nom de la maison de Bourbon, se placer sous la protection de la féodalité européenne, a déterminé son irruption sur la France, la royauté n'a point protesté contre l'abus qui a été fait de son nom; elle n'a point rompu avec les privilégiés. D'une autre part, les industriels, au lieu de se borner à repousser une injuste agression, se sont laissé emporter à la passion militaire, et ils ont développé au plus haut degré, pendant quinze ans, à l'égard des autres peuples européens, un caractère rétrograde et anti-social.

Depuis la restauration, la royauté est entrée un instant dans la bonne voie : d'abord, en établissant la constitution anglaise; et plus tard, en faisant admettre les industriels à l'électorat. Mais, malgré ces faits, on ne peut disconvenir que la royauté n'a suivi cette route qu'avec beaucoup d'hésitation, et qu'elle a laissé prendre à l'ancienne noblesse et au clergé une trop grande influence sur son système politique. Pareillement, les industriels, au lieu de marcher dans la carrière véritable du perfectionnement que la royauté leur avait ouverte, ont accordé leur confiance politique à la noblesse de Bonaparte et à sa clientèle, et se sont laissé entraîner par elles dans une direction hostile plus ou moins prononcée contre la maison de Bourbon.

Enfin, aujourd'hui la royauté se livre plus que jamais aux conseils de l'ancienne noblesse, et l'industrie à ceux de la nouvelle. La conduite de la royauté fait craindre aux industriels la prolongation des abus existants, et même la tentative du rétablissement de ceux qui furent abolis par la nation en 1789. Réciproquement, l'attitude politique des industriels, leurs préjugés contre la maison de Bourbon, peuvent inspirer à la royauté des inquiétudes sur son sort.

Sire et Messieurs, ce parallèle, qu'il serait facile de poursuivre dans les détails, vous prouve que, depuis le commencement de la révolution, la conduite politique de la royauté et celle des industriels ont été également vicieuses. Les courtisans respectifs des deux pouvoirs présentent à chacun d'eux les torts de l'autre, en s'attachant à nier ou à dissimuler les siens propres. Faite avec une telle perfidie, la récapitulation du passé ne tend sans doute qu'à fomenter et à entretenir la discorde [1]. Mais, que le pouvoir

1. En observant la masse des hommes qui ont actuellement une opinion politique, on y remarque trois dispositions d'esprit différentes dans la manière de juger les choses et les personnes.

Les uns sont ou disent être persuadés que les opinions des gouvernants légitimés sont inaccessibles à l'erreur, que leur conduite est toujours, par sa nature, exempte de blâme, et qu'enfin les peuples sont trop heureux de se laisser conduire sans examen par ces êtres d'une nature supérieure.

D'autres fanatiques, réels ou simulés, jouent le même rôle dans un sens opposé. Ils ont transporté aux nations l'infaillibilité papale. Pour eux, ce qu'a fait une nation est raisonnable et juste, par cela seul qu'elle l'a fait. Si elle est en opposition avec son gouvernement, c'est toujours dans ce-

royal et le pouvoir industriel fixent leur attention chacun sur le tableau de ses propres fautes,

lui-ci nécessairement que se trouve tout le tort, sans qu'il soit nécessaire d'examiner plus amplement la question. Enfin, si vous avez le malheur de prétendre que trente millions d'hommes peuvent se tromper comme un seul individu, vous blasphémez, et vous courez le risque d'être mis à l'index comme anti-patriote.

Il paraît difficile de surpasser en absurdité des hommes qui veulent que, dans des querelles prolongées pendant une longue suite d'années ou même de générations, les torts aient été exclusivement et à tout jamais d'un seul côté. Cependant, il y a une erreur encore plus étrange, c'est celle de vouloir que tout le monde se soit bien conduit, c'est-à-dire, en d'autres termes, que le mal n'ait point eu de cause.

Telle est la manie systématique d'une troisième classe d'hommes, que la sagesse de leurs intentions peut seule les faire excuser de la niaiserie de leurs opinions. Ces hommes voudraient s'élever au rôle de conciliateurs, et ils n'atteignent qu'à celui de *bonnes femmes*. Au lieu de faire vivement sentir à chacun les fautes qu'il a commises, pour en tirer tout à la fois des leçons salutaires, et le plus grand moyen de conciliation, la démonstration de la réciprocité des torts, ils prescrivent de ne jamais regarder dans le passé, afin, sans doute, de voir plus clair dans l'avenir. Ces hommes se croient modérés, comme si la modération consistait à fermer les yeux. Sans nier le malaise actuel du corps social, ils s'attachent à dissimuler scrupuleusement les fautes mutuelles du pouvoir royal et de la nation, qui en sont l'unique origine; et cela, disent-ils, afin de ne point aigrir les passions. Ils ressemblent beaucoup à un médecin, qui, consulté sur une maladie grave, suite d'un excès de table, s'interdirait scrupuleusement de penser à cette cause dans la combinaison de son plan de traitement, afin de ne pas faire injure à son malade, en le soupçonnant de gloutonnerie, et qui, par cet excès de politesse, le laisserait périr.

Ces trois manières de voir concourent, par des moyens

et ils abjureront, d'un commun accord, leurs fatales préventions. La parfaite réciprocité des torts, ainsi que leur enchaînement mutuel, doit convaincre les deux pouvoirs qu'aucun n'est en droit d'accuser l'autre, et que leur exaspération n'est nullement fondée.

Ces injustes préventions étant une fois dissipées, de part et d'autre, et la raison pouvant se faire écouter, les industriels et la royauté ne doivent pas tarder à reconnaître que leurs intérêts les plus grands et les plus directs leur imposent la loi de s'unir intimement. C'est ce que je crois avoir établi dans les Lettres précédentes,

différents, à un but commun, celui de prévenir, ou du moins d'étouffer toute discussion approfondie, d'où pourrait seule résulter l'éclaircissement des idées politiques. Les deux premières s'y opposent directement, comme incompatibles avec elle. La dernière, sans la proscrire formellement, la rend impossible, en ôtant la seule base solide, l'observation du passé.

Et c'est entre ces trois dispositions d'esprit qu'ont lieu tous les débats politiques! Mais comment pourrait-il en être autrement? Ceux qui ont contracté les habitudes intellectuelles, et acquis les données positives, nécessaires pour traiter convenablement les questions politiques, ne s'en occupent pas: et ceux qui s'en chargent (en ne parlant même que des hommes bien intentionnés) ne remplissent aucune de ces conditions. Si cet état de choses ne devait point changer, il n'y aurait pas de raison pour que, dans un siècle, les idées politiques fussent plus nettes qu'elles ne le sont aujourd'hui.

par plusieurs considérations distinctes. J'ai démontré à la royauté qu'une liaison avec les industriels est pour elle le seul moyen réel de salut, et qu'elle court les plus grands et les plus pressants dangers, si elle ne se hâte d'organiser cette alliance. J'ai prouvé aux industriels qu'ils s'exposent à retarder et à entraver l'établissement du régime industriel, s'ils ne forment point promptement une ligue franche et indissoluble avec la maison de Bourbon.

Sire et Messieurs, une considération qu'il ne faut jamais perdre de vue, c'est que la combinaison que je propose du pouvoir royal et du pouvoir industriel n'est point une innovation politique, et qu'elle est, au contraire, un simple rétablissement des rapports les plus anciens, qui, pour le commun intérêt de la royauté et des industriels, n'auraient jamais dû être abandonnés.

Depuis l'établissement de la dynastie des Bourbons et l'affranchissement des communes qui a commencé à peu près à la même époque, il a existé entre les industriels et la royauté une alliance politique continue. Cette alliance a été, pour chacun des deux pouvoirs, une des principales causes qui ont concouru au développement de son existence politique. Elle s'est maintenue jusqu'à Louis XIV, qui a détruit le rapport, en voulant faire tourner au profit exclusif de la royauté les résultats généraux de l'action exécutée en commun, et en employant une partie des forces du pouvoir royal à remplacer, aux frais de l'industrie, par une existence nouvelle, celle que la féodalité venait de perdre par l'effet de cette action. Cette erreur capitale de la royauté a constamment subsisté depuis cette époque; elle subsiste encore. Elle est le principe auquel doivent être rapportées les fautes commises par le pouvoir royal, depuis le commencement de la révolution. Mais l'expérience des malheurs qui en sont résultés pour la royauté et pour les industriels démontre irrésistiblement que les liens primitifs doivent être renoués le plus promptement possible, que les deux pouvoirs doivent se combiner de nouveau.

Leur première alliance avait eu pour objet la destruction du pouvoir féodal : elle ne peut plus avoir le même but, aujourd'hui que cette destruction est entièrement terminée. Son objet doit être la préparation et l'organisation graduelle du régime industriel, qui doit nécessairement succéder au régime féodal.

Après avoir fixé le but actuel de la nouvelle

combinaison de la royauté et de l'industrie, j'ai dû, Sire et Messieurs, vous représenter la condition préliminaire qui doit être remplie des deux parts, pour que cette alliance puisse se former. Cette condition est facile à sentir : elle consiste, d'un et d'autre côté, dans la suppression des deux intermédiaires qui se sont interposés entre les deux pouvoirs. Les rapports entre la royauté et les industriels ne peuvent exister s'ils ne sont directs.

Sire, Votre Majesté doit être pleinement convaincue que les industriels ne pourront jamais se lier franchement à la royauté, tant qu'elle accordera quelqu'influence politique à l'ancienne noblesse, avec laquelle les industriels ont toujours été, sont et seront toujours en opposition absolue. Quelque danger qu'il y eût pour eux à laisser triompher la noblesse de Bonaparte, ils y consentiraient plutôt que de se voir gouvernés par les ex-privilégiés. Les industriels ne seront en paix avec l'ancienne noblesse, que du moment où elle renoncera définitivement à jouer aucun rôle politique. Quoique cette antipathie soit fort exagérée dans l'état actuel de la société, elle est cependant naturelle, et tout à fait indestructible, parce qu'elle est le résultat des habitudes contractées depuis l'affranchissement des communes. C'est un fait dont il est indispensable, Sire, que la royauté soit bien pénétrée.

D'un autre côté, Messieurs, vous devez également être persuadés que toute liaison avec la noblesse de Bonaparte est, de votre part, un obstacle invincible à l'union franche de la royauté avec les industriels. Si la protection accordée par le pouvoir royal à l'ancienne noblesse vous inspire de l'inquiétude et de la défiance, le simple bon sens doit vous faire comprendre que la royauté a bien, à son tour, le droit de s'alarmer, avec autant de raison, de la protection, aussi imprudente pour le moins, que vous accordez au parti de la nouvelle noblesse. Vous ne pouvez pas lui demander d'abandonner ses protégés, sans congédier les vôtres.

Ainsi donc la royauté et l'industrie, afin de pouvoir s'unir intimement, doivent rompre, chacune de son côté, avec les deux classes d'intrigants et d'ambitieux qui entravent tous les rapports politiques. Ces deux factions n'ont que trop longtemps occupé la scène; il est temps qu'elles rentrent pour jamais dans leur nullité naturelle : alors les débats politiques auront un caractère clair, ou, pour parler plus juste, il n'y aura plus de lutte ; car ce sont ces factions seules qui l'entretiennent, en empêchant la royauté et l'industrie de s'entendre et de se combiner ; ce sont elles seules qui aigrissent les deux pouvoirs l'un contre l'autre.

Cette condition préliminaire indispensable étant remplie, l'alliance du pouvoir royal et du pouvoir industriel peut se former de deux manières différentes ; car chacun des deux pouvoirs a des moyens particuliers pour la déterminer. On peut dire qu'à cet égard leurs facultés sont à peu près équivalentes, quoiqu'elles ne soient point les mêmes.

L'action nécessaire pour cela doit être envisagée sous deux rapports distincts : en elle-même d'abord, et ensuite quant à la volonté d'y concourir.

Or, si l'on examine maintenant de cette manière les moyens de la royauté, on trouve qu'ils sont très-grands sous le premier rapport, et très-faibles sous le second. Il n'est pas douteux que si le pouvoir royal était une fois bien convaincu de la possibilité, de l'utilité et de l'urgence de son alliance avec les industriels, il pourrait très-aisément en déterminer la formation immédiate. Il suffirait pour cela d'une simple ordonnance, qui établirait les dispositions nécessaires pour que le budget pût être fait et discuté, à l'avenir, par des industriels exclusivement. L'industrie répondrait certainement bientôt à cet appel, et, dès lors, la grande réorganisation sociale qui doit terminer la révolution commencerait à s'effectuer : ce mouvement s'opérerait sans efforts et promptement. Mais si l'on considère combien les habitudes profondément enracinées de la royauté sont contraires à une telle action ; combien, entourée de mille causes d'erreurs, il lui est difficile de connaître le véritable état des choses, et les mesures qui doivent être adoptées, on sentira qu'il est, non point impossible, mais peu probable que la royauté puisse avoir d'elle-même la volonté d'appliquer, au but dont il s'agit, les moyens immenses dont elle dispose. Si cela arrive, la royauté aura montré une élévation d'esprit, et une fermeté de caractère dont il y a bien peu d'exemples.

Les industriels, au contraire, n'ont aucun grand effort à faire pour développer en eux cette volonté, puisque leur intérêt à une alliance qui doit amener l'établissement du régime industriel est direct et évident. Ils n'ont d'autre obstacle à vaincre, sous ce rapport, que leurs habitudes de subalternité et d'inertie politique, qui tendent de jour en jour à s'évanouir, et leurs préventions contre la maison de Bourbon, qui ne sauraient résister longtemps à l'examen. Mais, d'un autre côté, l'action des industriels serait nécessairement beaucoup plus lente que celle de la royauté, parce qu'elle serait indirecte, devant avoir pour objet d'indiquer à la royauté les mesures qu'il convient de prendre, et de lui demander légalement de les adopter. Un tel vœu, émis dans une adresse unanime, ouvrirait certainement les yeux au pouvoir royal : mais, néanmoins, il s'écoulerait encore un certain temps avant qu'il eût reconnu l'utilité des mesures qui lui auraient été présentées.

Ainsi, tout compensé, le pouvoir industriel et le pouvoir royal ont des moyens à peu près égaux de déterminer leur combinaison. Du reste, il importe peu que le premier pas soit fait par l'un ou par l'autre; car, de quelque pouvoir que dérivât l'impulsion, l'action ne tarderait guère à devenir réciproque.

La discussion précédente amène naturellement à une considération de l'ordre le plus élevé, par laquelle je dois compléter cet examen.

Dans ces deux manières dont peut être déterminée la grande alliance qui doit avoir pour objet l'établissement du régime industriel, il y a une condition commune, qui est la plus importante et la plus difficile à remplir, ou plutôt, qui constitue à elle seule toute la difficulté. Que ce soit le pouvoir royal ou le pouvoir industriel qui donne la première impulsion, il faut d'abord, pour que ce grand mouvement moral puisse avoir lieu dans toute sa plénitude, et sans être entravé dès sa naissance, il faut que la conviction de l'utilité du but, de la possibilité de l'atteindre paisiblement, et, par conséquent, la connaissance générale nette du régime à organiser et de la marche qui doit être suivie à cet effet, existent de part et d'autre. Tout cela est évidemment indispensable pour déterminer, à cet égard, une volonté sage, ferme et soutenue dans les deux pouvoirs. Mais il est clair aussi que cette volonté sera déterminée, de toute nécessité, d'un côté ou de l'autre, et, par suite, des deux côtés, aussitôt qu'on aura satisfait à ces quatre conditions fondamentales. Or, si on les examine avec attention, on verra qu'elles peuvent se résumer en une seule, le besoin d'une doctrine.

Oui, Sire, oui, Messieurs, le besoin d'une doctrine philosophique, proportionnée à l'état des lumières, est aujourd'hui le besoin le plus grand du corps social, le plus fortement senti par toutes les têtes pensantes, celui qui est le moins susceptible d'ajournement.

Ce n'est point auprès de Votre Majesté, Sire, qu'il est nécessaire d'insister, pour en faire sentir toute l'importance. Du point de vue élevé et général où la royauté se trouve placée par la force des choses, ce besoin est naturellement le premier qui fixe son attention, celui sur lequel porte sa plus vive sollicitude. Mais il est un autre fait essentiel que mon devoir m'ordonne de remettre sous les yeux de Votre Majesté, parce que la royauté n'a pas les données nécessaires pour l'apprécier suffisamment. Ce fait, c'est que les anciennes doctrines ne peuvent plus servir de base à la société, et que, par conséquent, plus on sent l'importance sociale d'un système d'idées générales, plus on doit désirer ardemment qu'un système nouveau soit promptement organisé, pour remédier à la décrépitude de l'ancien système, qui ne lui permet plus d'exercer aucune action réelle. Cette nullité d'action presque totale n'a point échappé, sans doute, à Votre Majesté. Mais, en ne considérant que dans le présent le déclin des anciennes doctrines, sans suivre historiquement les progrès continus de cette décadence dans les quatre siècles précédents, la royauté se trouve exposée à une erreur dont il lui est presque impossible de se garantir, et qui consiste à croire que, si les doctrines théologiques et féodales sont aujourd'hui sans force, on peut, par des moyens suffisamment étendus, les rétablir dans leur ancien empire. Cet espoir est naturel, Sire, mais il n'en est pas moins complétement erroné. Il est d'autant plus préjudiciable qu'il tend à prolonger l'agonie morale dans laquelle se trouve la société, et que peut seule faire cesser l'organisation d'une doctrine nouvelle. Sire, un système que les siècles avaient édifié, et que les siècles ont détruit, ne peut plus être rétabli. La destruction des anciennes doctrines est complète, radicale, et irrévocable. Elles obtiendront toujours un souvenir de reconnaissance et de vénération, de la part de tous les véritables penseurs et de tous les gens de bien, pour les innombrables et éminents services qu'elles ont rendus à la civilisation pendant la longue époque de leur maturité ; mais la mémoire des vrais amis de l'humanité est désormais leur seule place, elles ne peuvent plus prétendre à l'activité. On aime le vieillard caduc qui a dignement rempli sa carrière, on lui tient compte du bien qu'il a fait, mais on ne l'appelle plus à exercer les fonctions du jeune homme.

Pour vous, Messieurs, qui savez parfaitement combien les anciennes doctrines sont aujourd'hui dépourvues de force et de vie, il est indispensable que vous sentiez vivement le besoin d'une nouvelle doctrine générale, appropriée à l'état présent de la civilisation et des lumières. Une société ne peut pas subsister sans idées morales communes ; cette communauté est aussi nécessaire au spirituel, que l'est, au temporel, la communauté d'intérêts. Or, ces idées ne peuvent être communes, si elles n'ont pas pour base une doctrine philosophique universellement adoptée dans l'édifice social ; cette doctrine est la clef de la voûte, le lien qui unit et consolide toutes les parties. Croyez-vous, en bonne foi, Messieurs, que la critique des idées théologiques et féodales faite, ou du moins terminée par les philosophes du XVIIIe siècle, puisse tenir lieu d'une doctrine ? La société ne vit point d'idées négatives, mais d'idées positives. Elle est aujourd'hui dans un désordre moral extrême, l'égoïsme fait d'effrayants progrès, tout tend à l'isolement. S les infractions aux rapports sociaux ne sont ni plus grandes, ni plus multipliées, cela tient uniquement à l'état très-développé de la civilisation et des lumières ; d'où il résulte, dans la généralité des individus, des habitudes profondes de sociabilité, et le sentiment d'une certaine communauté des intérêts les plus grossiers. Mais si la cause du mal, le défaut d'une doctrine susceptible de toute l'influence nécessaire se prolongeait encore, ces habitudes et ce sentiment seraient insuffisants pour mettre un frein à l'immoralité générale et particulière. Que des écrivains et des parleurs superficiels blâment sans discernement la royauté des tentatives qu'elle fait pour ranimer les anciennes doctrines, vous devez apprécier ces critiques à leur juste valeur. Sans doute, la royauté se trompe en agissant ainsi ; mais ce n'est point sur la nature du mal ni sur sa cause : à cet égard, elle voit mieux que vous, et plus loin, en vertu de l'élévation naturelle de son point de vue. Elle se trompe uniquement sur le remède, en croyant possible le rétablissement chimérique d'un système d'idées décrépit. Le progrès des lumières permet, et commande même, de remplacer ce système par un autre plus parfait. Mais laisser périr l'ancien système sans lui en substituer un nouveau est une idée absolument fausse, qui n'a pu être produite et accréditée que par des déclamateurs ignorants et bornés. L'exécution de cette idée (si elle était possible), bien loin d'être un perfectionnement de la civilisation, serait, au contraire, une véritable et immense rétrogradation vers la barbarie.

Ce n'est pas seulement, Messieurs, sous un rapport purement national, que vous devez envisager ce besoin si profond d'une doctrine. Vous devez le considérer aussi sous le rapport européen. Une doctrine générale, en effet, doit maintenir l'ordre entre les différentes nations assez avancées pour pouvoir l'adopter, aussi bien qu'entre les divers individus d'une nation unique. L'ancien système a rempli cette importante fonction, pendant l'époque de sa pleine activité, autant que l'état de la civilisation le permettait alors. Le nouveau système, comme lui étant supérieur, peut et doit servir de lien européen plus complétement encore[1]. Il est même très-essen-

1. Le lien sera surtout plus complet, en ce qu'il sera à la fois temporel et spirituel, tandis que, dans l'ancien système, il n'y avait de lien entre les différents États de l'Europe que sous le rapport spirituel : il y avait opposition directe sous le rapport temporel. Mais il ne faudrait pas croire que le lien temporel, très-positif et très-précieux, qui existe aujour-

tiel d'observer, Messieurs, que, sous ce rapport, la formation de la doctrine qui doit servir de base au système industriel, comme l'ancienne a servi de base au système féodal, est d'une nécessité tout à fait urgente; car cette doctrine est indispensable pour tranquilliser, sur vos intentions, les gouvernements, et même les peuples européens, qui n'ont pas perdu le souvenir des dévastations commises en Europe par les chefs de la faction à laquelle vous accordez si follement votre confiance politique.

Les souverains, Messieurs, sans être aussi éclairés ni aussi irrépréhensibles que le prétendent leurs courtisans, ne sont pas non plus aussi insensés, ni aussi malintentionnés que veulent le faire croire leurs adversaires; quoique les vices de leur éducation ordinaire tendent constamment à leur masquer le véritable état des choses, ils finissent néanmoins par sentir peu à peu le besoin des perfectionnements réels, qu'exige positivement l'état de la civilisation et des lumières. Vous en avez eu, dans ces derniers temps, des preuves multipliées, et jusque dans

d'hui entre eux, jusqu'à un certain degré, par le développement de l'industrie, et qui tend à se resserrer de plus en plus, pût dispenser d'un lien spirituel.

l'Orient de l'Europe[1], quoiqu'il soit beaucoup moins avancé que l'Occident. Ils repoussent fortement les doctrines purement critiques, et par conséquent révolutionnaires, parce qu'elles ne tendent qu'à placer dans de nouvelles mains les pouvoirs existants ; et, en cela, ils agissent conformément à l'intérêt général, en même temps qu'à leur intérêt particulier. Mais l'expérience et l'analogie vous sont un sûr garant qu'ils ne repousseront pas une doctrine vraiment organisatrice.

Je sortirais, Messieurs, des bornes que me prescrit le cadre actuel de mes idées, si j'insistais plus longtemps sur la démonstration du besoin imminent où vous êtes d'une doctrine pour le succès de votre cause. Mon but sera atteint pour ce moment, si j'ai réussi à éveiller votre attention sur cette donnée fondamentale de votre situation politique. Tous mes travaux ultérieurs auront désormais pour objet de vous développer la démonstration que je n'ai pu ac-

1. C'est ce qu'établit de la manière la plus nette et la plus remarquable le discours prononcé par Sa Majesté l'Empereur de Russie, à l'ouverture de la dernière diète de Pologne. Ce discours est tout à fait marquant par la justesse et la sagesse de plusieurs idées qu'il contient.

tuellement que vous indiquer, et de vous faire sentir le véritable caractère de la doctrine qui doit servir de base au régime industriel, d'une part, en vous en exposant les principes généraux, et, d'une autre part, en les discutant avec vous. Ces Lettres sur les Bourbons ne sont qu'un préliminaire de mon travail philosophique ; préliminaire que j'ai cru nécessaire, afin de signaler et de combattre, auprès de la royauté et de l'industrie, les préjugés réciproques qui s'opposent à leur union indispensable. Cette introduction étant terminée, je m'occuperai directement, dans les Lettres suivantes, de mon but spécial. Permettez-moi, Messieurs, de finir celle-ci en vous indiquant, d'une manière générale, la marche à suivre dans la formation de votre doctrine, ainsi que je viens de le faire relativement au besoin que vous en avez.

Messieurs, la doctrine qui doit servir de base au système industriel ne peut point évidemment être faite par vous. Un immortel physiologiste, Bichat, a établi comme une loi de l'organisation humaine que les différentes capacités dont l'esprit humain est susceptible s'excluent mutuellement. L'expérience et le bon sens vous confirment journellement dans la vérité de cette maxime éminemment sociale, qui fonde sur une base inébranlable la nécessité des séparations et des combinaisons de travaux. Possédant à un haut degré la capacité pratique, vous ne pouvez point posséder, Messieurs, la capacité théorique positive. Elle est le partage exclusif des savants adonnés à l'étude des sciences positives, c'est-à-dire des physiologistes, des chimistes, des physiciens et des géomètres. C'est à eux seuls qu'il appartient de vous faire une théorie; eux seuls, entre tous les hommes occupés de travaux d'intelligence, ont, en même temps, contracté les habitudes d'esprit nécessaires pour suivre cette entreprise, eux seuls ont acquis les données indispensables. Les légistes, les métaphysiciens et les littérateurs qui, aujourd'hui, sont tous plus ou moins métaphysiciens, ne doivent pas avoir plus de part à ce travail que les théologiens.

Pour déterminer les savants à organiser la doctrine industrielle, deux conditions doivent être remplies. L'une, par vous; et elle doit consister dans la garantie que vous offrirez aux savants qui voudront coopérer à ce travail d'obtenir une existence à l'abri des caprices des gouvernants, qui pourraient, dans l'origine, étant mal conseillés, vouloir s'opposer à cette entreprise, et qui tiennent presque tous les savants dans une étroite dépendance temporelle. Quand même l'opposition des gouvernements n'existerait pas, en effet, ce que je suis très porté à croire, au moins pour l'instant où le caractère de l'entreprise sera bien établi, néanmoins l'inquiétude que les savants en concevraient serait suffisante pour ralentir leur zèle. Vous devez donc donner aux savants une entière sécurité sous ce rapport, et cela dépend absolument de vous.

La seconde condition dont j'ai parlé est d'une autre nature. Les savants ont bien, et les éléments du travail théorique nécessaire pour la formation de la doctrine industrielle, et les dispositions intellectuelles indispensables pour cela ; mais il leur manque l'idée générale de ce travail, sans laquelle néanmoins il ne pourrait être mis en activité, puisqu'il faut qu'un noyau de doctrine serve de lien aux éléments complets, mais isolés, que les savants possèdent, pour que la combinaison de leurs capacités individuelles puisse avoir lieu. C'est aux philosophes positifs, c'est-à-dire aux hommes occupés à observer et à coordonner les généralités positives, qu'il appartient de remplir cette importante fonction. Aucun philosophe ne se présentant pour obéir à cette grande mission, que l'état de la civilisation met réellement à l'ordre du jour, j'ai osé m'en charger. Je serai heureux si mon travail peut déterminer à s'en occuper un philosophe positif plus habile, ou si, bientôt, je puis avoir assez avancé l'entreprise pour pouvoir la remettre entre les mains des savants, ce qui est l'objet de tous mes vœux.

Afin de compléter, autant qu'il sera possible, l'aperçu rapide et général de la marche qui doit être suivie pour l'établissement de la doctrine philosophique industrielle, je dois ajouter une observation importante.

A la manière dont je viens de vous parler, les conditions nécessaires pour coopérer à ce grand travail théorique peuvent paraître trop exclusives. Il vous semble, sans doute, que les métaphysiciens, les littérateurs et les publicistes distingués que nous possédons ne seraient pas de trop dans un tel travail. Mais il est fort essentiel de ne pas confondre, comme vous le faites vraisemblablement, la formation de la doctrine avec sa vulgarisation. Pour la première, les savants positifs seuls peuvent et doivent y coopérer. Admettre des collaborateurs d'un autre genre de capacité serait un moyen infaillible de dénaturer le travail, et de le rendre aussi incohérent que l'Encyclopédie. Mais, à mesure que la doctrine sera formée, elle devra passer entre les mains des hommes qui peuvent la répandre, et en faciliter l'adoption par quelque moyen que ce soit, rôle auquel les savants sont naturellement impropres. Cette seconde espèce d'action, quoique beaucoup plus facile à exercer que la première, n'est pas moins indispensable qu'elle au succès intégral de l'entreprise, à l'établissement de la doctrine industrielle. Or, sous ce rapport, non-seulement les littérateurs, les métaphysiciens, les théologiens même, mais tous les hommes qui, sans être occupés de travaux d'intelligence, exercent sur l'esprit d'un certain nombre d'individus une influence quelconque, sont appelés à participer au succès de ce grand travail, s'ils en ont la volonté.

Sire et Messieurs, la grande révolution à laquelle touche l'espèce humaine est absolument neuve dans son histoire ; elle est pour elle un point de départ absolument nouveau. Jusqu'à présent, le système primitif fondé sur la force et sur la ruse, et dont l'origine remonte au berceau de la société, a toujours subsisté. Les révolutions les plus importantes n'ont fait encore qu'opérer dans ce système des modifications plus ou moins considérables, qui n'en ont point changé la nature intime. C'est aujourd'hui, pour la première fois, qu'en résultat final de toutes ces modifications préparatoires, l'espèce humaine passe au système absolument opposé, à celui qui, au temporel, est fondé sur un intérêt positif commun, et, au spirituel, sur les démonstrations positives. Tous les travaux de l'espèce humaine, depuis sa réunion en société, jusqu'à présent, doivent être envisagés comme ayant eu pour objet de la préparer à l'établissement de ce système, à la formation immédiate duquel elle se trouve maintenant appelée dans les pays les plus civilisés, et spécialement en France.

L'époque qui présente le plus d'analogie avec la nôtre est celle où la partie civilisée de l'espèce humaine a passé du polythéisme au théisme, par l'établissement de la religion chrétienne. Cette époque est donc la seule dans laquelle nous devions chercher quelques indices probables de la marche générale que suivront aujourd'hui les événements. Or, dans cette mémorable révolution morale, on distingue très-clairement les deux sortes d'actions que je viens d'indiquer : d'une part, la doctrine chrétienne a été coordonnée systématiquement par les philosophes de l'école d'Alexandrie ; d'une autre part, elle a été prêchée et répandue par des hommes sortis de toutes les classes, et même de celles dont l'intérêt particulier était le plus en opposition avec le nouveau système. Il en sera absolument de même de la doctrine industrielle. Les savants positifs seuls concourront à sa formation. Mais toutes les classes de la société, sans en excepter celles des propriétaires oisifs, des légistes, des militaires et même des princes, lui fourniront des apôtres animés du plus grand zèle. Tous seront appelés, et beaucoup seront élus.

J'ai l'honneur d'être, Messieurs,

Votre très-humble et très-obéissant serviteur..

POST-SCRIPTUM.

MESSIEURS,

Vous êtes actuellement fort effrayés du résultat des élections qui viennent d'avoir lieu. La majorité qu'elles assurent pour la session prochaine au parti de l'ancienne noblesse vous fait craindre pour le succès de la cause industrielle.

Cet effroi est absolument chimérique, et vous avez bien plutôt sujet de vous réjouir.

Permettez-moi d'abord, Messieurs, de vous rappeler au sentiment de votre dignité politique, de votre prépondérance sociale. Quelle faible idée avez-vous de vos moyens, de la force de votre cause, si vous croyez que son succès puisse être compromis par la composition plus ou moins mauvaise d'une législature ? Votre cause est plus robuste que vous ne pensez : puisqu'elle a pu résister à tous vos amis depuis 1789, elle saura bien résister à vos ennemis. Que le parti de la nouvelle noblesse soit désappointé par les dernières élections, je le conçois : son existence factice et éphémère est, en effet, vivement menacée. Mais vous, Messieurs, si vous avez le bon esprit de ne pas prendre ses intérêts pour les vôtres, que pouvez-vous redouter d'un tel événement ? Le triomphe de la cause industrielle est le résultat nécessaire de tous les progrès que la civilisation a faits jusqu'à ce jour non-seulement en France, mais dans toute l'Europe occidentale : aucune puissance humaine ne saurait l'empêcher.

A la vérité, ce triomphe pourrait être retardé pendant un temps plus ou moins long ; mais j'espère vous prouver, Messieurs, que, bien loin d'avoir un tel effet, le résultat des dernières élections doit tendre à avancer sensiblement le jour de votre succès décisif, et que, par conséquent, au lieu de vous en plaindre, il faut, au contraire, vous en féliciter.

La démonstration que je vous annonce sera l'objet d'un travail spécial, que je me propose de mettre sous vos yeux d'ici à peu de temps. Je parviendrai, je crois, à vous convaincre que, à défaut d'élections toutes industrielles (que vous n'étiez point encore en mesure d'obtenir cette année), celles qui ont eu lieu sont les plus favorables que vous pussiez souhaiter pour vos intérêts. J'emploierai, à cet effet, plusieurs considérations distinctes. Je me borne aujourd'hui à vous en indiquer une seule : c'est l'aperçu de ce qui arrivera vraisemblablement, en résultat direct et immédiat des élections dernières. Je suis obligé, quant à présent, pour vous présenter cet aperçu le plus promptement possible, de me renfermer presque dans l'énoncé pur et simple de mes conjectures : votre jugement en appréciera la probabilité.

L'ancienne noblesse, se trouvant en majorité à la chambre des communes dans la session prochaine, soit par elle-même, soit par sa clientèle, il n'est pas douteux qu'elle prendra son essor dans le sens rétrograde; elle tendra directement et de tout son pouvoir à la restauration de ses priviléges, et même à la restitution de ses biens. En un mot, elle travaillera au rétablissement de l'ancien régime, avec toute l'énergie de gens persuadés qu'il s'agit d'un dernier effort, et qu'il faut, à tout prix, profiter d'une occasion qui ne se reproduirait plus. Le ministère leur prêchera la modération; mais la passion sera trop vive pour qu'il puisse être écouté.

Aussitôt que la direction rétrograde se prononcera, l'inquiétude se répandra parmi les acquéreurs de domaines nationaux, et bientôt un mécontentement général commencera à se manifester dans la nation. A la première tentative de quelqu'importance faite par la noblesse, ce mécontentement se changera en une vive opposition, qui croîtra de jour en jour.

La féodalité de Bonaparte ne manquera pas d'intriguer pour tirer parti d'une telle disposition; elle emploiera toute l'influence qu'elle exerce sur les esprits, pour essayer de déterminer la nation à un changement de dynastie.

L'opposition nationale clairement manifestée,

et les chances évidentes de succès qui en résulteront pour les projets ambitieux de la nouvelle noblesse, alarmeront la maison de Bourbon. Elle commencera à ouvrir les yeux; elle reconnaîtra que sa liaison avec l'ancienne noblesse, bien loin de lui offrir un soutien, ne tend, au contraire, qu'à compromettre son existence, en la constituant, aux yeux de la nation, en opposition ouverte avec le vœu fortement prononcé de l'immense majorité.

C'est alors, Messieurs, que si vous savez tenir une conduite dictée à la fois par les impulsions de la générosité et par les calculs de la prudence, vous pourrez déterminer sur-le-champ le commencement du triomphe de la cause industrielle.

Dans un état de choses tel que celui que je viens de décrire, la maison de Bourbon sentira infailliblement la nécessité de changer pour jamais son système de politique; elle sera portée, d'une part, à arrêter les tentatives de l'ancienne noblesse, en dissolvant la chambre des communes; et, d'une autre part, elle cherchera à se procurer un appui solide qu'elle ne peut évidemment trouver qu'en vous. Néanmoins, l'incertitude de vous trouver favorablement disposés pour elle la tiendrait vraisemblablement en hésitation. Mais si, au lieu d'attendre qu'elle demande votre alliance, vous vous empressez de la lui offrir, vous ne pouvez pas douter qu'elle ne soit acceptée avec toute bienveillance, et maintenue avec franchise. Exprimez-lui alors, dans une Adresse, la volonté ferme et unanime de l'industrie française de faire immédiatement cesser le danger de la position dans laquelle les circonstances de ce genre placeraient la maison de Bourbon, et de garantir à tout jamais la possession paisible de la royauté dans sa dynastie envers et contre tous les ambitieux. En échange d'un service aussi capital, vous la trouverez évidemment disposée à se mettre à votre tête, à s'investir du caractère industriel, et à adopter toutes les mesures nécessaires pour que le budget soit fait et discuté par vous, et conséquemment pour vous. Par là, le travail organique du régime industriel sera, de fait, mis en activité. Dès ce moment, ce régime se constituera peu à peu, légalement, sans efforts, sans crise, et pour ainsi dire de lui-même, à mesure que les idées se formeront et s'éclairciront.

Le succès que doit obtenir la marche que je viens de vous indiquer me semble dériver nécessairement de l'avenir politique très-prochain dont je vous traçai l'esquisse. Or, cet avenir me paraît devoir être le résultat inévitable de la majorité dont l'ancienne noblesse va se trouver en possession dans la chambre des communes par le fait des élections dernières. Mais pour dissiper, à cet égard, toute incertitude, je crois devoir vous présenter sommairement une autre considération fondée sur une expérience directe et peu éloignée.

Vous ne doutez nullement, Messieurs, que le rôle que va jouer l'ancienne noblesse, dans la session prochaine, ne soit à peu de chose près la répétition de celui qu'elle a joué en 1815. Seulement il est très-probable que, sans s'amuser encore à ses vengeances, elle marchera plus directement au but de recouvrer ce qu'elle a perdu, circonstance qui rend encore plus vraisemblable la reproduction des conséquences de 1815.

Or, quelles ont été ces conséquences, Messieurs ? D'abord, l'ordonnance qui a congédié les introuvables, et, dans la session suivante, l'adoption de la mesure politique la plus importante qui ait été entreprise depuis 1789, en faveur de l'industrie, c'est-à-dire de la loi qui a admis une portion notable d'entre vous à l'électorat.

La conduite que la royauté a tenue dans de telles circonstances vous est un sûr garant, Messieurs, que celle qu'elle tiendra dans les circonstances analogues qui se préparent vous sera au moins aussi avantageuse. Mais il est évident qu'elle le sera beaucoup plus si vous déployez, dans cette occasion, la générosité et la sagesse qui conviennent à votre caractère politique. En premier lieu, les circonstances seront nécessairement encore plus pressantes qu'en 1815 pour la maison de Bourbon, parce que les fautes que fera l'ancienne noblesse seront plus graves. En second lieu, si vous adoptez franchement et irrévocablement des sentiments favorables à la maison de Bourbon, et que vous lui en donniez une preuve décisive en la préservant des périls auxquels vont l'exposer les folies de l'ancienne noblesse et l'ambition de la nouvelle, vous ne sauriez douter qu'elle ne soit disposée, abstraction faite de tout autre motif, à traiter avec vous plus favorablement encore qu'après la session de 1815. Rappelez-vous, en effet, qu'à cette dernière époque vous veniez de laisser faire le 20 mars, et que vous montriez des apparences très-propres à inspirer de la défiance à la maison de Bourbon. Si donc la session de 1815 vous a valu votre admission à l'électorat, dans une certaine proportion, vous devez naturellement penser, par les deux motifs précédents, que celle qui va s'ouvrir pourra vous valoir, votre conduite étant supposée telle qu'elle doit être, la formation et la discussion du budget par vous, c'est-à-dire la mesure qui vous ouvre directement l'entrée du régime industriel.

Ainsi, Messieurs, tout bien considéré, il se trouve que ces élections, du résultat desquelles vous êtes si singulièrement effrayés, peuvent vous amener, suivant toutes les chances naturelles, et assez prochainement, à l'alliance décisive et si désirable de la royauté et de l'industrie, et au commencement d'organisation du régime industriel, but constant de tous vos vœux et de tous vos efforts. Il serait vraiment impossible de concevoir de tout autre manière des circonstances aussi probables, où votre cause pût faire autant de progrès en aussi peu de temps. Croyez-vous, en bonne foi, que vous puissiez obtenir des succès d'une telle importance, en supposant que vous fussiez parvenus à peupler la chambre des communes de généraux de Bonaparte et de beaux parleurs?

Après vous avoir exposé les heureuses conséquences que peut avoir pour votre cause le résultat des élections dernières, et après vous en avoir fait pressentir la probabilité, il me reste, Messieurs, à appeler toute votre attention sur la condition que vous devez indispensablement remplir, pour que ces espérances n'avortent point. Elle consiste, ainsi que je l'ai indiqué plus haut, à vous mettre en état de développer, aussitôt que les circonstances qui se préparent seront arrivées à maturité, le caractère de générosité et de sagesse politique, dont je vais en peu de mots vous retracer l'esquisse. D'une part, vous devez offrir votre appui avec empressement à la maison de Bourbon, au moment du danger; et, d'une autre part, vous devrez réclamer d'elle le droit de formation et de discussion du budget, que, en reconnaissance d'un tel service, elle se glorifiera de vous accorder.

Ce double but exige de votre part, Messieurs, une double préparation : l'une, dans vos habitudes; l'autre, dans vos idées.

Pour que vous puissiez vous lier franchement à la maison de Bourbon, il faut que vous soyez revenus de l'injuste défiance que la féodalité de Bonaparte vous a inspirée contre elle; il faut, en général, que vos opinions soient suffisamment purgées de l'influence des militaires et des légistes, qui tend toujours, par sa nature, à mêler à votre désir de perfectionnement des institutions sociales ses idées insurrectionnelles, soit militaires, soit populaires.

Pour que vous puissiez réclamer le droit de faire et de discuter le budget, il faut évidemment que vous ayez arrêté vos vues sur la manière d'exercer ce droit, et que, de plus, la supériorité du budget que vous ferez sur tous ceux qui ont été faits jusqu'à ce jour soit suffisamment constatée et sentie ; il faut, en un mot, que vous ayez une doctrine.

Vous concevez sans peine, Messieurs, combien il est indispensable que les circonstances que je vous ai signalées vous trouvent prêts sous ces deux rapports. Mais vous voyez avec la même facilité, d'après l'aperçu que je vous ai présenté, que si cette double condition est bien remplie par vous, le commencement du triomphe de la cause industrielle vous est presque infailliblement assuré, par ces mêmes circonstances, pour une époque très-rapprochée. Tout se réduit donc, de votre part, à cette importante préparation, qui est, sans contredit, difficile à compléter dans le délai probable que vous pouvez présumer, mais qui est fort loin d'être impossible, si vous le voulez avec énergie, et si vous vous y déterminez promptement.

C'est ici, Messieurs, je ne crains pas de vous le dire ouvertement, que vous pouvez en quelque sorte toucher au doigt l'utilité positive, directe et immédiate, de l'entreprise que j'ai formée ; car vous pouvez la considérer dès ce moment comme ayant pour objet de contribuer, autant que la philosophie peut le faire, à vous mettre en état de remplir la double condition dont je viens de vous parler, et qui doit amener le triomphe de la cause industrielle. Tous mes travaux, en effet, ont tendu, tendent, et tendront toujours, et plus spécialement dans la session qui va s'ouvrir, d'une part, à développer en vous le sentiment de votre valeur politique, à combattre l'influence des militaires et des légistes sur votre esprit, enfin à dissiper vos préjugés contre la maison de Bourbon, et à vous déterminer à vous lier avec elle, en la plaçant à la tête de la cause industrielle ; d'une autre part, à rassembler et à coordonner systématiquement les éléments de la doctrine qui nous convient, et à en démontrer la supériorité sur toutes celles qui l'ont précédée. Une telle entreprise tend évidemment, et de la manière la plus directe possible pour un travail philosophique, au grand but d'utilité prochaine dont les considérations précédentes, quelque resserrées qu'elles soient, établissent incontestablement la réalité. Ce but sera atteint, j'en ai la confiance intime, si mes efforts parviennent à déterminer, dans la majorité des chefs industriels, l'activité suffisante. Mais, pour cela, la coopération des plus zélés d'entre eux m'est indispensable. J'ose donc les engager franchement à me seconder. Je puis penser, sans présomption, que mon entreprise philosophique, ou tout autre équivalente, vous est nécessaire pour pouvoir obtenir le grand succès dont je viens de vous entretenir. Car enfin, Messieurs, prenons les choses comme elles sont; il vous faut absolument une théorie; sans cela, vous ne ferez ni le pas dont je vous parle, ni aucun autre de quelque importance. Or, cette théorie, nul autre plébiscite, nul autre philosophe ne s'occupe de vous l'organiser, quoiqu'il en existe un grand nombre sans doute qui s'en acquitteraient avec beaucoup plus de capacité.

En résumé, Messieurs, il s'agit aujourd'hui de

l'affaire la plus capitale pour vous et pour la royauté. Le résultat des dernières élections vous donne tout lieu d'espérer que, si vous savez profiter sagement des circonstances avantageuses dans lesquelles il va vous placer, vous pourrez déterminer, dans un an peut-être, la consolidation de la royauté dans la dynastie des Bourbons et le commencement du triomphe de la cause industrielle. Oui, Messieurs, dans un an peut-être, si, pendant que l'ancienne noblesse va se livrer à ses incartades, vous savez vous préparer dignement au système de conduite que vous devez adopter, et dont je vous ai indiqué les bases, les inquiétudes de la maison de Bourbon se dissiperont pour jamais, la royauté commencera à prendre le caractère industriel, et vous serez solennellement investis de la formation et de la discussion du budget. Si vous hésitez, au contraire, à suivre un tel plan, si vous continuez à vous laisser diriger par la féodalité de Bonaparte, l'existence de la maison de Bourbon sera compromise, et le succès de la cause industrielle sera retardé de plusieurs années peut-être.

Entre ces deux perspectives, il n'y a point sans doute à balancer; mais il ne suffit pas de désirer la fin, il faut vouloir les moyens. Les voudrez-vous? L'entreprise que j'ai formée tend à vous procurer le plus indispensable de tous ces moyens, une doctrine. La seconderez-vous?

Nota. Je me suis exprimé, Messieurs, d'une manière très-affirmative sur l'avenir politique que je présume devoir être le résultat immédiat de la majorité parlementaire que l'ancienne noblesse vient d'obtenir par les dernières élections. Ce n'est pas que je regarde comme impossible que les choses se passent autrement que je ne l'ai décrit, quoique je considère la série d'événements que j'ai indiqués comme la plus probable. J'ai voulu seulement, en m'exprimant ainsi que je l'ai fait, rendre le tableau de cet avenir plus simple à vos yeux, afin de fixer toute votre attention sur les conséquences que j'en ai déduites relativement au système de conduite que vous devez adopter. Du reste, il serait absolument possible que la royauté s'aperçût du précipice dans lequel va tendre à l'entraîner l'ancienne noblesse, avant que celle-ci eût fait aucun pas rétrograde de quelqu'importance. Si cela devait avoir lieu, il y aurait sans doute un tiraillement de moins dans le corps social. Mais je dois vous faire observer que le plan de conduite politique dont je vous ai tracé l'esquisse n'en serait nullement changé, et qu'il resterait toujours celui que, d'après vos intérêts généraux les plus grands et les plus directs, vous devez adopter le plus promptement possible, et suivre avec constance. Vous vous convaincrez aisément, par un peu de réflexion, de l'exactitude de cette assertion.

Je vous prie d'ailleurs, Messieurs, de vouloir bien ne pas perdre de vue que ce *post-scriptum* n'est que l'ébauche d'un travail plus complet et plus approfondi, dont je vous ferai un peu plus tard la communication.

A MESSIEURS LES CULTIVATEURS

FABRICANTS, NÉGOCIANTS,

BANQUIERS ET AUTRES INDUSTRIELS

AINSI QU'A MESSIEURS LES SAVANTS QUI PROFESSENT LES SCIENCES PHYSIQUES ET MATHÉMATIQUES,

ET A MESSIEURS LES ARTISTES QUI PROFESSENT LES BEAUX-ARTS.

Messieurs,

Je vous préviens que je vais publier les Lettres que j'ai eu l'honneur de vous écrire jusques et y compris la présente. Mon intention, en les publiant, est d'éveiller l'attention de tous les savants, de tous les artistes et de tous les industriels non-seulement de France, mais encore du reste de l'Europe, et même du monde entier.

Mon intention est de disposer tous les savants et les artistes dont l'esprit est susceptible de s'élever à des considérations philosophiques, à suspendre leurs travaux relatifs au perfectionnement des sciences ou des beaux-arts particuliers, pour se livrer à l'organisation d'un système de morale et de politique, suffisamment clair et assez positif pour que les gouvernants se trouvent forcés de le suivre de même que les gouvernés.

Mon intention est aussi de faire sentir aux industriels que le travail théorique, dont ils ont besoin pour constituer le régime social le plus avantageux à l'industrie, exige de leur part quelques sacrifices pécuniaires, attendu qu'il ne pourra être entrepris qu'à l'époque où ils auront donné des garanties aux savants qui s'y livreront, et qu'ils les auront soustraits par ce moyen à la dépendance absolue dans laquelle ils se trouvent des gouvernements actuels qui désirent prolonger l'ordre de choses, ou plutôt le désordre de choses actuel.

Mon intention, enfin, est d'ouvrir les yeux des industriels sur ce point important : c'est qu'ils sont ceux qui produisent toutes les richesses, que ce sont eux, par conséquent, qui payent toutes les dépenses, et qu'il résulte évidemment de ces deux faits que ce sont eux qui doivent faire le projet de budget, d'autant plus qu'ils forment la classe de citoyens qui administre avec le plus d'économie.

Messieurs, le grand mouvement moral qui doit faire passer la société du régime arbitraire modifié, au régime le plus avantageux à la majorité de la société, ne peut pas être purement national, il ne peut s'effectuer qu'en étant commun aux peuples les plus éclairés. Ce changement doit s'opérer de la même manière et par les mêmes moyens que le passage du polythéisme au théisme.

Les Français ne peuvent pas travailler seuls à ce grand œuvre ; il est nécessaire, pour le succès de cette entreprise, que tous les peuples qui composent la grande nation occidentale de l'Europe, c'est-à-dire les Français, les Anglais, les Belges, les Portugais, les Espagnols et les Italiens, concourent à son exécution. Ces peuples ont été tous soumis à la domination romaine ; ils ont tous adopté le gouvernement féodal à peu près à la même époque ; ils doivent tous s'élever en civilisation jusqu'au régime industriel à peu près en même temps. Ces peuples ont tous des moyens semblables et presque égaux ; ils doivent travailler avec un zèle égal à l'établissement du régime industriel qui sera l'organisation définitive de l'espèce humaine, parce que cette forme, ou plutôt cette nature d'association, est la seule qui soit essentiellement morale, c'est-à-dire la plus avantageuse possible à la majorité des sociétaires.

Messieurs, le but direct de mon entreprise est d'améliorer le plus possible le sort de la classe qui n'a point d'autres moyens d'existence que le travail de ses bras ; mon but est d'améliorer le sort de cette classe non-seulement en France, mais en Angleterre, en Belgique, en Portugal, en Espagne, en Italie, dans le reste de l'Europe et dans le monde entier. Cette classe, malgré les immenses progrès de la civilisation (depuis l'affranchissement des communes), est encore la plus nombreuse dans les pays les plus civilisés ; elle forme la majorité dans une proportion plus ou moins forte chez toutes les nations du globe. Ainsi ce serait d'elle que les gouvernements devraient s'occuper principalement, et au contraire c'est celle de toutes dont ils soignent le moins les intérêts ; ils la regardent comme essentiellement gouvernable et imposable, et le seul soin important qu'ils prennent à son égard est de la maintenir dans l'obéissance la plus passive.

Quel est le moyen d'améliorer le plus promptement et le plus sûrement possible le sort des peuples ? Voilà le grand problème politique à résoudre. Je crois en avoir trouvé la solution. Je vais vous la présenter. Je réclame, Messieurs, toute votre attention. Songez que, si ce n'est pas sur le sort de l'espèce humaine, c'est au moins sur celui de la génération présente que vous allez prononcer.

Les hommes du peuple, de même que les riches, ont deux espèces de besoins : ils ont des besoins physiques et des besoins moraux ; ils ont besoin de subsistance, ils ont aussi besoin d'instruction.

Quel est le moyen de procurer à la généralité des hommes du peuple, le plus promptement possible, le plus de subsistance possible?

J'observe d'abord que le seul moyen général de procurer des subsistances au peuple consiste à lui procurer du travail. La question se trouve donc convertie en celle-ci :

Quel est le moyen de procurer au peuple la plus grande quantité de travail possible?

Je réponds à cette question :

Le meilleur moyen est de confier aux chefs des entreprises industrielles le soin de faire le budget, et par conséquent de diriger l'administration publique; car, par la nature des choses, les chefs des entreprises industrielles (qui sont les véritables chefs du peuple, puisque ce sont eux qui le commandent dans ses travaux journaliers) tendront toujours directement, et pour leurs propres intérêts, à donner le plus d'extension possible à leurs entreprises, et il résultera de leurs efforts à cet égard le plus grand accroissement possible de la masse des travaux qui sont exécutés par les hommes du peuple.

Je passe maintenant à cette autre question :

Quelle est l'instruction qui doit être donnée au peuple, et de quelle manière doit-elle lui être donnée?

L'instruction dont le peuple a le plus besoin est celle qui peut le rendre le plus capable de bien exécuter les travaux qui doivent lui être confiés. Or, quelques notions de géométrie, de physique, de chimie et d'hygiène sont incontestablement les connaissances qui lui seraient le plus utiles pour se gouverner dans l'habitude de la vie, et il est évident que les savants professant les sciences physiques et mathématiques sont les seuls en état de faire pour lui un bon système d'instruction.

Le système d'instruction pour les écoles primaires doit donc être organisé par les savants qui professent les sciences positives.

Quant au mode d'enseignement, celui d'enseignement mutuel a l'avantage d'être le plus prompt, et d'assurer plus qu'aucun autre l'uniformité de la doctrine; ainsi il doit être préféré.

Messieurs, l'opinion que je viens de vous présenter n'a point besoin de démonstration, elle n'est pas susceptible de discussion, parce que le sens commun suffit pour la juger, et parce qu'elle est une conséquence directe du grand principe de morale qui sert de base à la religion chrétienne : *Aimez votre prochain comme vous-même;* tous les hommes vraiment pieux l'adopteront avec empressement; elle n'a besoin que d'être propagée. Propagez-la donc, Messieurs, avec le plus d'activité possible; il est de votre devoir, ainsi que de votre intérêt, de le faire.

J'ai l'honneur d'être, Messieurs,

Votre très-humble et très-obéissant serviteur.

ADRESSE AUX PHILANTHROPES

Messieurs,

La passion qui vous anime est d'institution divine; elle vous place au premier rang des chrétiens, elle vous donne le droit, elle vous impose le devoir de combattre les passions malfaisantes et de lutter corps à corps avec les peuples et avec les rois quand ils se laissent dominer par elles.

Vos devanciers ont commencé l'organisation sociale de l'espèce humaine, c'est à vous à terminer cette sainte entreprise. Les premiers chrétiens ont fondé la morale générale en proclamant dans les chaumières, ainsi que dans les palais, le principe divin : Tous les hommes doivent se regarder comme des frères, ils doivent s'aimer et se secourir les uns les autres. Ils ont organisé une doctrine d'après ce principe, mais cette doctrine n'a reçu d'eux qu'un caractère spéculatif; et l'honneur d'organiser le pouvoir temporel conformément à ce divin axiome vous a été réservé. Vous avez été destinés de toute éternité à démontrer aux princes qu'il est de leur intérêt et de leur devoir de donner à leurs sujets la constitution qui peut tendre le plus directement à l'amélioration de l'existence sociale de la classe la plus nombreuse; vous avez été destinés à déterminer ces chefs des nations à soumettre leur politique au principe fondamental de la morale chrétienne.

C'est vous qui avez sauvé l'espèce humaine de la dégradation lors de la chute de la puissance romaine. Les circonstances actuelles sont les mêmes (autant que la différence dans l'état de la civilisation puisse le permettre), et ce sont les mêmes causes qui ont produit de semblables effets. Vous devez, Messieurs, suivre l'exemple de vos devanciers; vous devez développer une énergie égale à la leur; ils ont fondé la religion chrétienne, et vous devez la régénérer; vous devez compléter l'organisation du système de morale, vous devez y soumettre le pouvoir temporel.

Messieurs, rendons-nous compte de l'état actuel de la société, fixons d'abord notre attention sur la France, et commençons par examiner la situation où elle se trouve relativement à ses principales institutions, c'est-à-dire par rapport au clergé, à la royauté et au pouvoir judiciaire.

Le clergé français est une fraction du clergé chrétien ; ainsi il a reçu de son divin fondateur la mission de plaider sans relâche la cause des pauvres, et de travailler sans aucune interruption à l'amélioration morale et physique du sort de cette dernière classe de la société. Or, il est de fait qu'il a tellement perdu de vue sa mission céleste, que son occupation unique consiste aujourd'hui à prêcher au peuple l'obéissance la plus passive envers les puissants de la terre, et qu'on ne lui voit plus faire aucun effort généreux pour rappeler aux princes, ainsi qu'à leurs courtisans, les devoirs que la religion leur impose à l'égard du peuple.

En France, comme dans toute l'Europe, la royauté a été primitivement une institution barbare ; c'est-à-dire que cette institution a été fondée en France par les peuples barbares qui en ont chassé les Romains. Mais cette institution avait été changée de nature par les rois de France, d'abord lorsqu'ils avaient adopté la religion chrétienne, et plus particulièrement encore lorsqu'ils avaient pris le titre de Roi par la grâce de Dieu ; car, en prenant ce titre chrétien, ils avaient évidemment contracté l'engagement de travailler sans relâche à l'amélioration du sort de la classe la plus nombreuse de leurs sujets. Or, il est incontestable que la royauté perd tout à fait de vue cet engagement toutes les fois qu'elle se laisse dominer par un clergé et par une noblesse qui ne sont plus que de véritables sangsues à l'égard du peuple.

Enfin, si nous considérons le pouvoir judiciaire, nous reconnaîtrons, d'une part, que les fonctions chrétiennes des juges consistent à concilier les différends qui surviennent entre les particuliers, et surtout à les défendre contre toute action arbitraire du gouvernement; et d'une autre part, qu'il semble s'être donné dans ce moment pour tâche, d'établir le pouvoir arbitraire le plus absolu.

De tout ceci je ne prétends point conclure que tous les ecclésiastiques, que tous les ministres, et que tous les juges soient malintentionnés : je suis persuadé au contraire qu'ils sont presque tous de bonne foi. Ils font le mal, mais ils ont l'intention de faire le bien ; et je suis même convaincu que la plupart changeront de conduite quand celle qu'ils devraient tenir leur sera connue.

Vous voyez, Messieurs, que la situation politique où la France se trouve dans ce moment est bien fâcheuse, puisque les grands pouvoirs, dont l'objet chrétien est de travailler sans relâche, et sous différents rapports, à l'amélioration du sort du peuple, emploient au contraire la force qui leur est confiée à établir un ordre de choses qui soit tout à l'avantage des gouvernants et au détriment des gouvernés.

Une seconde observation très-importante que nous avons à faire, c'est que le mal politique, causé aux Français par la mauvaise direction de leurs gouvernants et par le mauvais emploi qu'ils font de la force publique, n'est pas le seul qui les afflige ; ils en éprouvent un autre qui est la suite de la passion des conquêtes à laquelle ils se sont laissé entraîner par Bonaparte.

Tout peuple qui veut faire des conquêtes est obligé d'exalter en lui les passions malfaisantes ; il est obligé d'accorder le premier degré de considération aux hommes d'un caractère violent, ainsi qu'à ceux qui se montrent les plus astucieux. Tant que les hommes pourvus de ces qualités malfaisantes exercent leur activité sur l'étranger, les citoyens paisibles qui continuent à habiter la mère-patrie conservent un caractère national qui n'est pas entièrement dépouillé de dignité et d'élévation. Mais du moment que la résistance extérieure devient plus grande que la force expansive, les effets de l'astuce et de la violence se font sentir au dedans. La cupidité avait été un sentiment national, et n'avait été éprouvée par les citoyens que d'une manière collective ; l'avidité devient le sentiment dominant chez tous les individus ; l'égoïsme, qui est la gangrène morale de l'espèce humaine, s'attache au corps politique, et devient une maladie commune à toutes les classes de la société.

Les Français, au commencement de leur révolution (lorsqu'ils furent attaqués par la féodalité européenne), contractèrent l'engagement solennel de ne combattre que pour la défense de leur territoire ; ils s'engagèrent aussi à regarder les autres peuples comme des frères, et à faire cause commune avec eux contre les institutions surannées, auxquelles l'Europe était encore asservie malgré le progrès des lumières.

Cette politique des Français était loyale, elle était sage, elle était la plus avantageuse qu'ils pussent adopter, elle était vraiment chrétienne ; ils auraient dû la conserver, et malheureusement pour eux ils l'ont abandonnée. Ils se sont laissé persuader par des hommes astucieux qu'ils avaient droit à des indemnités, et ils ne se sont pas aperçus qu'ils ne pouvaient obtenir ces indemnités qu'aux dépens des peuples, puisque ce sont les peuples qui produisent toutes les richesses.

Les Français étaient entrés en campagne avec la simple intention de se défendre; ils n'ont pas tardé à faire de la guerre un objet de spéculation ; et cette conduite anti-chrétienne de leur part a déterminé promptement une ligue des peuples et des rois contre eux. Deux fois ils ont vu leur territoire occupé en grande partie, et leur capitale envahie. Enfin depuis six années qu'ils se sont trouvés décidément enfermés dans leurs anciennes limites, ils ont eu à supporter à leurs seuls dépens toute la considération et toute l'importance qu'ils avaient accordée pendant toute la durée de leurs conquêtes à leurs sabreurs et aux fonctionnaires civils que Bonaparte avait principalement employés à lui fournir *de la chair à canon*.

Messieurs, la France est affligée d'une troisième plaie politique, et sa troisième infirmité a pour cause la préférence qu'elle accorde aux métaphysiciens.

La métaphysique a rendu de grands services

aux Français ; elle a beaucoup contribué aux progrès de la civilisation, depuis l'affranchissement des communes jusqu'en 1789 ; mais depuis le commencement de la crise sociale dans laquelle les Français et toute l'Europe se trouvent engagés, elle a été constamment, et elle est encore aujourd'hui le plus grand obstacle au retour de la tranquillité par l'établissement d'un ordre de choses stable, c'est-à-dire proportionné à l'état des lumières.

Depuis l'affranchissement des communes jusqu'au commencement de la révolution, la métaphysique a embrouillé les idées ; elle a empêché le sens commun de se faire entendre ; elle a établi une espèce de doctrine politique bâtarde qui a fasciné les yeux du clergé, ainsi que de la noblesse ; ce qui a rendu le plus important service aux industriels ainsi qu'aux savants.

La doctrine bâtarde et amphigourique que les métaphysiciens ont organisée a formé contre la noblesse et le clergé un rempart à l'abri duquel les industriels, ainsi que les savants adonnés à l'étude des sciences d'observation, ont pu travailler en sûreté. C'est à l'abri de ce rempart que l'industrie, ainsi que les sciences positives, ont acquis les forces suffisantes pour lutter avec avantage contre le clergé et contre la noblesse. Il n'y a pas de doute que les théologiens et les chefs de la féodalité auraient fait les raisonnements suivants, si les métaphysiciens n'avaient pas détourné leur attention, et s'ils ne leur avaient pas fait perdre de vue la route qu'ils avaient intérêt à suivre.

La noblesse aurait dit: si l'industrie fait des progrès, le monde se civilisera, les guerres deviendront plus rares, l'importance des guerriers diminuera, et les chefs des travaux pacifiques finiront par former la première classe de la société.

En conséquence de ce raisonnement, les chefs de la féodalité auraient empêché l'industrie de prendre son essor; ils en avaient alors tout pouvoir et tous moyens.

D'une autre part, les théologiens se seraient dit: si nous laissons se former une corporation de savants dont les travaux aient pour but de fonder toutes nos connaissances sur des observations, il arrivera nécessairement une époque où la théologie perdra tout son crédit, où les hommes en reviendront à la religion pure, et où ils forceront tous les fonctionnaires publics de se conduire d'après le principe : *Tous les hommes doivent se regarder comme des frères; ils doivent s'aimer et se secourir les uns les autres.*

D'après ce raisonnement, le clergé, qui en avait alors le pouvoir et les moyens, aurait rendu impossibles les progrès de l'astronomie, de la physique, de la chimie et de la physiologie.

Heureusement pour nous, et grâce aux métaphysiciens, d'une part, les savants adonnés à l'étude des sciences d'observation ont acquis des connaissances plus positives que le clergé, et une capacité plus grande pour faire application du principe de morale divine; d'une autre part, les industriels ont obtenu, par leurs travaux, une plus grande masse de richesses que les nobles, et une plus grande influence sur le peuple; de manière que les forces politiques ont changé de mains, et qu'il est devenu monstrueux et impraticable que la direction des affaires publiques restât entre les mains du clergé et de la noblesse.

Une révolution était donc devenue inévitable; mais cette révolution aurait promptement atteint son but, si les métaphysiciens n'avaient pas voulu s'en mêler. Les métaphysiciens ont rendu un grand service à la société en préparant la crise, ils lui ont fait beaucoup de mal en voulant la diriger ; de même que le clergé et la noblesse, ils ont prolongé leurs travaux au delà des besoins de la société.

Supposons, pour un moment, que la chambre des députés ne fût composée que de deux classes, savoir : d'une part, de nobles et de fonctionnaires publics occupés de l'administration ; de l'autre, d'industriels et de personnes dont les travaux contribuent directement aux progrès de l'industrie ; et que tous les juges, avocats et autres légistes, en fussent exclus. Dans ce cas, il s'établirait nécessairement une discussion franche et positive entre les deux partis. L'objet de cette discussion serait de déterminer si la nation doit être organisée dans l'intérêt des militaires, des riches oisifs et des fonctionnaires publics, ou bien dans celui des producteurs ; et le résultat de cette discussion ne serait ni long à se manifester, ni incertain pour le succès, parce que l'immense majorité de la nation, qui vit du produit de travaux productifs, se prononcerait en faveur des producteurs, et qu'il serait évidemment de l'intérêt du Roi d'adopter cette opinion, et d'y soumettre la conduite de ses ministres.

Dans ce cas, la politique deviendrait simple,

elle deviendrait positive. On pourrait commencer l'établissement de l'ordre de choses qui convient à l'état des lumières, on pourrait rédiger le premier article de la seule constitution qui puisse acquérir de la solidité. Cet article dirait :

L'objet de l'association politique des Français est de prospérer par des travaux pacifiques, d'une utilité positive.

La conséquence immédiate de ce premier article serait que les hommes dirigeant les travaux pacifiques les plus importants doivent exercer une influence suprême sur l'administration des affaires publiques.

Ainsi l'adoption de ce seul article terminerait la lutte qui existe depuis près de trente ans entre le clergé et la noblesse d'une part, les industriels et les savants d'une autre.

Il me reste à vous prouver, Messieurs, que ce sont les légistes qui empêchent que cette lutte se termine, qui empêchent que cet article fondamental de la constitution soit adopté, et que ses conséquences soient mises en pratique.

Or, Messieurs, cette démonstration résulte du fait suivant, qui est de notoriété publique :

Les légistes sont en majorité dans le ministère ainsi que dans le conseil d'État ; ce sont eux qui ont fourni des chefs aux trois partis existants; ce sont eux qui dirigent les ultra, ce sont eux qui combinent les plans des libéraux ainsi que ceux des ministériels; ainsi, ce sont eux qui conduisent toutes les actions politiques existantes.

J'ai donc eu raison de dire que la prépondérance des légistes (qui sont des métaphysiciens en politique) était une des maladies sociales que la France éprouvait dans ce moment.

Si nous résumons, Messieurs, cet examen de la situation sociale des Français, nous trouverons qu'ils sont attaqués à la fois par trois maladies politiques bien distinctes :

1° Les trois pouvoirs élémentaires qui servent de base à l'organisation sociale de cette nation ont pour guides des doctrines qui sont devenues vicieuses, parce qu'elles n'ont plus un but qui tende à l'amélioration du sort de la dernière et la plus nombreuse classe de la société, et que ceux qui exercent ces pouvoirs ont perdu de vue le grand principe de morale auquel toutes les combinaisons politiques doivent être subordonnées.

2° Le corps de la nation s'est livré à la passion des conquêtes, et les gouvernés se trouvent, dans ce moment, dominés, de même que les gouvernants, par l'égoïsme qui est la suite nécessaire d'efforts faits pour exercer une domination injuste sur les autres peuples, et des habitudes morales contractées pendant la durée de leurs succès militaires.

Et il résulte, de l'état présent de l'égoïsme des gouvernés, l'impossibilité pour eux de former une opinion publique assez forte pour contraindre les gouvernants à rentrer dans la direction morale donnée par la religion chrétienne.

3° Les gouvernés, ainsi que les gouvernants de toutes les classes et de toutes les opinions, sont dominés et dirigés, dans ce moment, par les métaphysiciens politiques, formés aux écoles où l'on enseigne les codes des droits qui ont été constitués à des époques de barbarie, d'ignorance et de superstition; d'où il résulte qu'il ne peut pas s'engager de discussion franche, et portant sur des questions positives: de manière qu'il n'existe point de chances, dans cet état de choses, pour qu'il se forme dans la tête du Roi et dans l'esprit de la nation une opinion nette sur les mesures à prendre pour terminer la révolution.

Plaçons-nous maintenant, Messieurs, à un point de vue plus élevé, et examinons la situation de l'Europe.

Pendant plusieurs siècles, c'est-à-dire depuis l'établissement de la féodalité jusqu'à la réformation de Luther, les Européens du centre et de l'Occident ont été *organisés* sous ces deux rapports :

1° Ils étaient tous soumis au régime féodal.

2° Ils avaient la même religion, et le clergé, qui leur était commun, était soumis à un chef et à un état-major placés dans une position qui les rendait indépendants des gouvernements particuliers des nations.

De manière que les Européens du centre et de l'Occident obéissaient à un même pouvoir spirituel, et à des pouvoirs temporels qui étaient semblables.

La désorganisation de la société européenne s'est successivement opérée depuis la réformation de Luther sous ces deux rapports :

1° Le régime féodal a cessé d'être pur, d'abord en Angleterre, ensuite, et successivement, en France, en Belgique, en Espagne, en Portugal, à Naples, et dans plusieurs États d'Allemagne ;

2° La religion chrétienne s'est divisée en quatre grandes sectes, le catholicisme, le luthéranisme, le calvinisme et la religion anglicane.

Enfin, la désorganisation de la société européenne a été complétée par la formation de la sainte-alliance ; car la sainte-alliance (qui est uniquement et exclusivement composée des chefs temporels des principales nations) s'est superposée aux chefs des différentes sectes de la religion chrétienne. De manière que l'indépendance du pouvoir spirituel est complétement anéantie ; de manière qu'il n'existe réellement plus de ligne de démarcation qui sépare le pouvoir temporel du pouvoir spirituel, de manière, enfin, que le pouvoir spirituel n'agit plus que d'une manière subalterne à l'égard du pouvoir temporel, dont il a consenti à se faire l'agent.

Ce court exposé de la situation de l'Europe suffit, je crois, pour vous prouver, Messieurs, que l'état de choses actuel est monstrueux, et qu'il ne peut pas durer.

Cet exposé, enfin, suffit pour vous prouver que la crise actuelle n'est pas particulière à la France, qu'elle est commune à toute l'Europe ; que la nation française ne peut pas être traitée et guérie isolément ; que les remèdes qui peuvent la guérir doivent être appliqués à toute l'Europe, puisque la France se trouve dans une position qui la rend, jusqu'à un certain point, dépendante de ses voisins, et qui établit une espèce de solidarité politique entre elle et les autres peuples du continent.

Messieurs, comment guérir le corps politique européen? Comment rétablir le calme dans le continent, comment y constituer un ordre de choses politique stable? Voilà la véritable question que j'ai entrepris d'examiner avec vous. Ce sujet est beaucoup trop vaste pour qu'il puisse être épuisé dans un premier examen; mais l'aperçu que je vais vous présenter renfermera, j'espère, les idées les plus importantes. Il suffira pour indiquer la direction, et à mesure que nous marcherons, nous apercevrons plus clairement le but.

Messieurs, les Italiens, les Français, les Anglais et les Espagnols, ainsi que les autres peuples subjugués par les légions romaines, ont déjà essuyé une crise sociale semblable à celle que l'Europe éprouve dans ce moment. Cette première crise a même été beaucoup plus violente et plus dangereuse, parce qu'elle est arrivée à une époque où la civilisation était encore peu avancée, à une époque où il n'existait aucun principe commun aux différentes nations qui s'y trouvaient engagées. Elle eut lieu lors de la décadence de l'Empire romain.

Toutes les nations soumises à cet Empire furent attaquées des trois maladies politiques que j'ai décrites au commencement de cette Adresse.

Leurs institutions avaient vieilli ; elles n'étaient plus en rapport avec l'état des lumières, elles agissaient dans une direction contraire aux intérêts des peuples. Cicéron ne concevait pas comment deux augures pouvaient se regarder sans rire ; le sénat était avili, les chevaliers romains jouaient le premier rôle ; c'étaient eux qui dirigeaient les affaires publiques, et ces chevaliers, qui s'enrichissaient aux dépens de la nation, étaient les agents du fisc.

L'égoïsme s'était emparé de toutes les classes de la société ; les sentiments d'honneur et de patriotisme avaient été remplacés par ceux de la plus insatiable avidité ; les intérêts communs avaient été entièrement perdus de vue ; la passion des fêtes et des spectacles avait remplacé dans le peuple l'amour de la patrie.

On ne s'occupait plus de l'examen d'aucune question positive relative à l'intérêt public ; les métaphysiciens s'étaient constitués professeurs en politique ; ils fixaient l'attention sur des considérations vagues, et qui n'étaient que d'un intérêt secondaire.

Enfin, Messieurs, l'espèce humaine tendait directement à se dégrader par le mauvais emploi des connaissances acquises. Les malheurs de la portion la plus éclairée de cette espèce étaient encore considérablement accrus par les incursions continuelles des peuples barbares, qui venaient amalgamer leur caractère sanguinaire aux mœurs dépravées des Romains.

Comment la civilisation s'est-elle relevée de cette chute? Comment l'ordre de choses auquel nous devons tous les progrès qu'elle a faits depuis s'est-il constitué? Voilà les faits historiques qui doivent fixer toute votre attention dans ce moment ; car l'étude de ces faits est la seule qui puisse vous conduire à la découverte des moyens que nous devons employer pour terminer glorieusement la crise politique actuelle.

Messieurs, à l'époque où l'Empire romain tombait en dissolution, Dieu révéla aux habitants de la Judée le principe de morale qui devait servir de base à toutes les relations sociales, et diriger la conduite de tous les chrétiens. Il dit : *Tous les hommes doivent se regarder comme des frères; ils doivent s'aimer et se secourir les uns les autres.*

La parole de Dieu électrisa vos devanciers; elle les exalta au point que chacun d'eux, sitôt que la conception divine lui fut connue, abandonna ses affaires personnelles, renonça aux entreprises qu'il avait faites, aux projets qu'il avait conçus, pour combattre la croyance à plusieurs dieux, en prouvant que cette croyance était absurde ;

Pour combattre l'égoïsme, en prouvant que cette passion aurait nécessairement pour résultat final la dissolution de la société ;

Pour combattre la tendance aux idées métaphysiques, en prouvant qu'elles faisaient prendre les mots pour des choses, et qu'elles empêchaient les hommes de fixer leur attention sur le but vers lequel ils devaient se diriger.

La conduite de ces premiers chrétiens fut admirable sous tous les rapports ; ils ont vaincu les plus grandes difficultés que jamais les hommes aient surmontées ; ils ont exécuté l'entreprise la plus difficile qui ait jamais été faite ; ils se sont montrés supérieurs en courage, en persévérance, ainsi qu'en sagacité, à tous les héros de l'antiquité; ils ont produit le catéchisme, qui est certainement le livre le plus estimable qui ait jamais été publié. Je ne parle point du catéchisme que les jésuites enseignent aujourd'hui, mais du catéchisme primitif, qui était une analyse raisonnée des actions des hommes, et qui partageait les passions en deux grandes classes, savoir: celles qui sont utiles, et celles qui sont nuisibles au prochain.

Messieurs, la conduite de ces premiers chrétiens doit nous servir de modèle. Ce que nous avons à faire, c'est de terminer ce qu'ils ont commencé. La tâche glorieuse que nous avons à remplir, c'est de mettre en pratique, sous le rapport politique, la doctrine qu'ils n'ont pu établir que d'une manière spéculative. Notre mission consiste à placer le pouvoir spirituel dans les mains des hommes les plus capables d'enseigner à leurs semblables ce qu'il leur est utile de savoir, et de confier le pouvoir temporel à ceux des puissants qui sont les plus intéressés au maintien de la paix et à l'amélioration de l'existence du peuple.

Le point essentiel pour le succès de notre sainte entreprise; l'objet que nous ne devons jamais perdre de vue, c'est que le moyen de la persuasion est le seul qu'il nous soit permis d'employer pour atteindre notre but. Dussions-nous être persécutés de même que les premiers chrétiens, l'emploi de la force physique nous est entièrement interdit.

Messieurs, depuis la fondation du christianisme, les travaux de nos prédécesseurs ont toujours eu le même but (l'organisation sociale de l'espèce humaine), le même caractère (celui du désintéressement); mais ils n'ont pas toujours été de la même espèce: récapitulons la marche qu'ils ont suivie, et donnons en même temps un coup d'œil général aux progrès de la société chrétienne.

A l'origine du christianisme, et pendant toute la durée de sa première époque, l'immense majorité de la population des pays où il s'était établi était plongée dans un état d'ignorance tel, qu'il n'était pas possible de songer à la destruction de l'esclavage; de manière que les travaux politiques des philanthropes de cette époque se trouvaient extrêmement limités, les pouvoirs temporels devant nécessairement conserver dans ces circonstances un caractère fort arbitraire.

La première tâche de vos prédécesseurs se

trouva remplie quand ils eurent déterminé l'empereur Constantin à reconnaître l'existence d'un pouvoir spirituel chrétien, chargé de l'enseignement de la morale divine, à laquelle tous les hommes, quelque rang qu'ils occupassent, devaient se soumettre et se conformer.

Après ce succès obtenu, le zèle des philanthropes pour les travaux directement relatifs à l'organisation sociale dut diminuer ; car les philanthropes, pour être animés de la passion la plus généreuse, n'en sont pas moins soumis aux lois qui régissent les hommes passionnés, lois d'après lesquelles ces hommes ne sont susceptibles de développer toute leur énergie que pour atteindre un but clairement aperçu ; les dangers augmentent leur zèle et leur ardeur : mais ce n'est pas sur eux qu'il faut compter pour satisfaire les besoins de la société sous le rapport des travaux préparatoires.

La seconde époque de la société chrétienne a donc commencé au ve siècle, après la conversion de Constantin. Cette seconde époque a duré jusqu'au XIIIe siècle, après la dernière croisade.

Pendant cette seconde époque les chrétiens

furent occupés de deux espèces de travaux ; les uns eurent pour but la conservation de leur société, et les autres son organisation.

La société chrétienne fut attaquée par les Saxons, par les Sarrasins et par les Normands. Le christianisme aurait été anéanti, au moins pour bien des siècles, si ces peuples, essentiellement conquérants, avaient réussi dans leurs projets. Les philanthropes de cette époque durent se livrer aux travaux militaires ; c'est aussi ce qu'ils firent ; et comme on ne peut s'occuper de deux choses à la fois, ils abandonnèrent le soin de l'enseignement de la morale et de l'organisation de la société à un clergé, c'est-à-dire à des hommes gagés, et faisant ce métier par état. De là il devait résulter, et il résulta en effet que la guerre fut bien faite, et que l'organisation sociale donnée à la société chrétienne ne fut pas libérale.

Les travaux de cette époque ont été bien mal jugés jusqu'à présent. Les philosophes du XVIIIe siècle ont beaucoup crié contre les croisades, et ils ont eu grand tort. Quand les Romains voulurent se débarrasser des Carthaginois, ils allèrent les attaquer chez eux. Les Sarrasins auraient continuellement renouvelé leurs incursions en Europe, si les croisés n'avaient pas porté la guerre chez eux, et s'ils ne l'y avaient entretenue pendant bien du temps. Ce peuple avait été fanatisé par Mahomet qui l'avait rendu pour bien des siècles inconvertissable à la morale chrétienne.

Sûrement il est regrettable que les philanthropes n'aient pas organisé eux-mêmes la société chrétienne, car cette organisation aurait porté le cachet de leur désintéressement; mais encore une fois cela était impossible, puisqu'ils étaient pendant ce temps occupés de travaux indispensables pour la conservation de la société.

Au surplus, l'organisation de la société chrétienne, quoique très-inférieure à ce qu'elle aurait pu être, quoique profondément imprégnée du caractère d'avidité que le clergé avait développé, se trouvait cependant, au XIIIe siècle, très-supérieure à tout ce qui avait existé jusqu'à cette époque dans l'espèce humaine: la corporation politique des chrétiens était liée plus fortement que jamais la République ni l'Empire romain ne l'avaient été.

Je passe à l'examen de la troisième époque qui a commencé au XIIIe siècle, et qui s'est terminée en 1789.

Pendant cette troisième époque il s'est passé des événements généraux de trois classes bien distinctes, et qui méritent toutes les trois de fixer votre attention.

Après que les chrétiens eurent terminé les longues guerres qu'ils avaient soutenues contre les Saxons, contre les Sarrasins et contre les Normands, quand les succès obtenus par eux sur ces peuples (les seuls qu'ils eussent à redouter) eurent affermi leur position, l'organisation sociale qu'ils avaient donnée à leur pouvoir temporel n'était plus celle qui leur convenait, attendu qu'elle était essentiellement militaire, et que les institutions pacifiques étaient celles dont ils avaient besoin, les travaux pacifiques étant ceux auxquels ils auraient dû se livrer.

Après que tous les habitants de l'Europe eurent été convertis par les prédications générales que le clergé avait établies, et qu'ils eurent adopté le principe que *toutes les nations et tous les hommes doivent contribuer au bien-être général de l'espèce humaine,* le pouvoir spirituel aurait dû diminuer le nombre de ses membres, afin d'être moins à charge aux peuples; il aurait dû s'occuper principalement de l'étude et du perfectionnement des sciences positives et de l'enseignement des connaissances utiles aux hommes pour l'exécution des travaux pacifiques.

Ces vérités furent profondément senties par les philanthropes de cette époque, et dès la fin du XIIIe siècle ils se livrèrent, d'une part, à l'étude des lois qui régissent les phénomènes et, d'une autre part, aux travaux industriels au moyen desquels les produits de la nature sont modifiés de manière à satisfaire les besoins des hommes.

Voilà quelle fut la série la plus utile des travaux auxquels les chrétiens se sont livrés pendant la troisième époque du christianisme.

Pendant toute cette époque le clergé et la noblesse se sont presque exclusivement occupés de défendre contre le peuple les pouvoirs qu'ils avaient obtenus, et dont l'exercice, vu le changement des circonstances, était devenu en grande partie plus nuisible qu'utile à la société.

Voilà en quoi a consisté la seconde des séries de travaux sur lesquelles j'ai cru devoir appeler votre attention.

La décadence successive des pouvoirs spirituels et temporels pendant toute cette époque, malgré tous les efforts qu'ils ont faits pour se soutenir, et l'immensité des moyens qui se trouvaient dans leurs mains, est une nouvelle preuve que Dieu condamne à l'anéantissement les institutions sociales qui sont nuisibles à l'espèce humaine.

Le troisième événement remarquable dans cette époque a été la formation d'un troisième pouvoir politique, l'établissement du pouvoir judiciaire. La troisième série de travaux, qui mérite de fixer votre attention, a été celle des légistes.

Les légistes se sont occupés de constituer les droits de chacun; ils ont, en conséquence, établi le droit canon, le droit des gens, les droits féodaux, le droit criminel, le droit civil, etc. Leurs travaux ont certainement rendu des services, mais on ne peut pas se dissimuler qu'ils ont été frappés d'un vice radical, et ce vice a tenu à ce qu'ils ont été exécutés à une époque où les principales institutions ayant vieilli et n'étant plus en rapport avec les besoins de la société, ceux qui exerçaient le gouvernement spirituel, ainsi que le gouvernement temporel, jouissaient de droits qui ne leur appartenaient pas légitimement.

Je ne crois pas devoir m'étendre davantage sur cette troisième époque; je vais donc vous parler de la quatrième.

Mais, avant d'entrer en matière, je vous prie

de remarquer que cette quatrième époque a un caractère qui lui est propre, et qui lui donne pour nous une beaucoup plus grande importance que toutes les autres ne sauraient en avoir, c'est qu'elle est celle qui nous intéresse le plus, c'est qu'elle est la seule qui nous intéresse directement.

Messieurs, ce qui s'est passé depuis 1789 a servi d'introduction à cette quatrième époque, qui n'est réellement commencée que depuis quelques instants; elle date seulement du moment où, par l'effet des changements survenus en Espagne, en Portugal, en Italie et dans une partie de l'Allemagne, la majeure partie de la population européenne s'est mise en mouvement pour travailler à la réorganisation de la société.

La France ne pouvait pas être réorganisée isolément; elle n'a point une vie morale qui lui soit propre, elle n'est qu'un membre de la société européenne; il existe une communauté forcée entre ses principes politiques et ceux de ses voisins. En un mot, la plus grande utilité morale de la révolution française a été de déterminer la tendance au perfectionnement qui se manifeste aujourd'hui dans toute l'Europe.

C'est de l'avenir que je vais vous parler; jugez-moi sévèrement, mais ne me jugez pas légèrement.

J'ai établi au commencement de cette Adresse la comparaison entre l'état actuel des choses et la situation où se trouvait la société à l'époque de la décadence de l'Empire romain. J'ai récapitulé ensuite la marche de la civilisation depuis la fondation du christianisme jusqu'à ce jour ; ces idées sont certainement très-importantes, elles ont même deux valeurs distinctes, mais elles ne sont cependant pour nous que d'un intérêt secondaire. Vous devez les envisager, d'une part comme des considérations préliminaires, et d'une autre comme des faits à l'appui de ce que je vais vous dire : j'ai employé la comparaison pour fixer votre attention, je vous ai présenté la récapitulation, pour placer votre esprit au point de vue convenable pour bien juger mes idées.

Ce qu'il y a de plus capital pour vous, ce que vous désirez le plus connaître, ce que je me suis proposé de vous apprendre, C'EST CE QUI ARRIVERA. Eh bien ! Messieurs, je vais m'expliquer à ce sujet de la manière la plus catégorique. Je vais vous dire ce qui se fera, par qui cela se fera, et de quelle manière cela sera fait.

Je vais, Messieurs, poser successivement les

trois questions que je viens d'énoncer; je répondrai séparément à chacune de ces questions, et je donnerai à la suite de chacune de mes réponses les raisons sur lesquelles je fonde mon opinion.

PREMIÈRE QUESTION. Quels sont les principaux changements politiques qui s'opèreront pendant la quatrième époque du christianisme?

RÉPONSE. *Je crois que pendant cette quatrième époque il sera organisé un nouveau pouvoir spirituel et un nouveau pouvoir temporel.*

Je crois que le nouveau pouvoir spirituel sera composé, à son origine, de toutes les Académies des sciences existantes en Europe, et de toutes les personnes qui méritent d'être admises dans ces corporations scientifiques. Je crois que, ce noyau une fois formé, ceux qui le composeront s'organiseront eux-mêmes. Je crois que la direction de l'éducation, ainsi que de l'enseignement public, sera confiée à ce nouveau pouvoir spirituel. Je crois que la morale pure de l'Évangile servira de base à la nouvelle instruction publique, et qu'elle sera, pour le surplus, poussée le plus loin possible sous le rapport des connaissances positives, proportionnément au temps que les enfants des différents degrés de richesse pourront passer dans les écoles. Enfin, je crois que le nouveau pouvoir spirituel établira un plus ou moins grand nombre de ses membres dans toutes les communes, et que ces savants détachés auront pour mission principale d'enflammer leurs administrés spirituels de la passion du bien public.

Je crois que chez chaque nation européenne l'administration des affaires temporelles sera confiée aux entrepreneurs de travaux pacifiques qui occuperont le plus grand nombre d'individus, et je suis persuadé que cette administration, par l'effet direct de l'intérêt personnel des administrateurs, s'occupera d'abord de maintenir la paix entre les nations, et ensuite de diminuer le plus possible les impositions, ainsi que d'en employer les produits de la manière la plus avantageuse à la communauté.

Voici les trois raisons sur lesquelles je fonde cette opinion :

1° Ces nouvelles bases d'organisation sociale étant directement conformes aux intérêts de l'immense majorité de la population, elles doivent être considérées comme une conséquence politique générale déduite du principe de morale divine : *Tous les hommes doivent se regarder comme des frères; ils doivent s'aimer et se secourir les uns les autres.*

Ainsi Dieu veut évidemment que, dans l'état présent des lumières, la société chrétienne soit constituée de cette manière.

2° Humainement parlant, et sans nous élever au-dessus des règles scientifiques, cette constitution de la société chrétienne est la suite naturelle et l'effet immédiat de la destruction de l'esclavage, ainsi que de la supériorité acquise par les sciences d'observation sur la théologie et sur les autres branches de la métaphysique.

3° En nous bornant à des considérations politiques, il est évident que les progrès de la civilisation amèneront ce résultat; car les forces positives, tant intellectuelles que matérielles, se trouvent aujourd'hui dans les mains de ceux qui professent les sciences d'observation, et de ceux qui entreprennent et dirigent les travaux industriels. Ce n'est que par l'effet d'une habitude anciennement contractée, que la société porte le joug des nobles et des théologiens. Or, l'expérience a prouvé que la société se débarrassait toujours des habitudes qu'elle avait contractées quand ces habitudes devenaient contraires à ses intérêts, et qu'elle découvrait un nouveau moyen de satisfaire ses besoins; il est donc indubitable que les institutions du clergé et de la noblesse seront abandonnées par elle; il est indubitable que les pouvoirs politiques passeront dans les mains de ceux qui possèdent déjà la presque totalité des forces sociales, de ceux qui dirigent journellement les forces physiques, de ceux qui créent la force pécuniaire, de ceux, enfin, qui augmentent continuellement la force intellectuelle.

DEUXIÈME QUESTION. Quelle sera la force qui déterminera ces changements, et par qui cette force sera-t-elle dirigée?

RÉPONSE. *La force du sentiment moral sera celle qui déterminera ces changements, et cette force aura pour principal moteur la croyance que tous les principes politiques doivent être déduits du principe général que Dieu a donné aux hommes.*

Ceux qui dirigeront cette force seront les philanthropes; ils seront, dans cette occasion, de même qu'ils l'ont été lors de la fondation du christianisme, les agents directs de L'ÉTERNEL.

Par un premier effort commun, les philanthropes ont fait adopter le principe de morale divine aux puissants de la terre; par un second effort général, la philanthropie déterminera les nobles et les théologiens à supporter la conséquence générale de ce principe.

Je fonde cette opinion d'abord sur la connaissance que nous avons de ce qui s'est passé lors de la fondation de la religion chrétienne.

La dernière classe de la société était certainement intéressée de la manière la plus positive et la plus directe à l'admission de cette croyance; cette doctrine offrait aussi de grands avantages aux peuples qui portaient le joug des Romains: il paraissait donc vraisemblable que ces deux grandes masses de la population soutiendraient de tout leur pouvoir le nouveau principe de morale; les choses se sont passées d'une manière toute différente. Le principal fondateur humain de la religion chrétienne a été l'apôtre Paul, qui était un Romain; Polyeucte, qui appartenait aux premières classes de la société, a été un des premiers martyrs, et les premiers prédicateurs ont été souvent persécutés par les dernières classes du peuple.

La vérité, à cet égard, vérité qui a été constatée par la marche de la civilisation, c'est que la passion du bien public agit avec beaucoup plus d'efficacité pour opérer les améliorations politiques, que celle de l'égoïsme des classes auxquelles ces changements doivent être le plus profitables. En un mot, l'expérience a prouvé que les plus intéressés à l'établissement d'un nouvel ordre de choses ne sont pas ceux qui travaillent avec le plus d'ardeur à le constituer.

Messieurs, au fait très-ancien que je vous ai présenté à l'appui de mon opinion, je vais ajouter un autre fait tellement récent qu'il n'est pas encore achevé.

Je travaille depuis six ans avec beaucoup d'ardeur à démontrer aux savants et aux industriels :

1° Que la société manifeste dans ce moment une tendance évidente à s'organiser de la manière la plus favorable aux progrès des sciences et à la prospérité de l'industrie ;

2° Que pour organiser la société de la manière la plus favorable aux progrès des sciences et à la prospérité de l'industrie, il faut confier le pouvoir spirituel aux savants, et l'administration du pouvoir temporel aux industriels ;

3° Que les savants et les industriels peuvent organiser la société d'une manière conforme à ses désirs et à ses besoins, puisque les savants possèdent les forces intellectuelles, et que les industriels disposent des forces matérielles.

Ce travail m'a mis en relation avec un grand nombre de savants et d'industriels ; il m'a fourni l'occasion et donné le moyen d'étudier leurs opinions et leurs intentions.

Voici ce que j'ai observé :

J'ai reconnu d'abord qu'on pouvait considérer les hommes comme divisés, sous le rapport moral, en deux espèces différentes, savoir : ceux chez lesquels les sentiments dominent les idées, et ceux chez lesquels les sentiments sont soumis aux combinaisons de l'esprit; ceux qui lient l'espérance de l'amélioration de leur sort avec le désir de la suppression des abus, et ceux qui se proposent pour but spécial, dans leurs relations sociales, de faire tourner les abus à leur profit ; en un mot, j'ai remarqué que les hommes savants et industriels, de même que les autres hommes, devaient être divisés en deux grandes classes, savoir : les philanthropes et les égoïstes.

J'ai ensuite observé que le nombre des philanthropes et celui des égoïstes augmente ou diminue relativement, suivant les circonstances générales où se trouve la société, et que dans les circonstances actuelles le nombre des égoïstes augmentait journellement; mais, qu'en compensation, les philanthropes se montraient plus disposés à unir leurs efforts et à agir avec énergie.

J'ai encore remarqué que les occupations auxquelles les hommes se trouvent livrés contribuent infiniment à leur faire adopter la morale philanthropique ou les opinions de l'égoïsme, de manière que ceux qui ont des relations journalières avec le plus grand nombre d'individus, principalement de la classe du peuple, sont plus portés à la philanthropie, tandis que ceux qui vivent isolés par leurs occupations, ou qui sont essentiellement en rapport avec la classe riche, tournent à l'égoïsme, à moins qu'ils n'aient reçu de la nature une organisation extrêmement heureuse.

J'ai donc le droit de conclure de ma propre expérience, comme des faits historiques, que les philanthropes seront ceux qui détermineront les nobles et les théologiens à supporter la conséquence politique générale du principe de la morale divine; d'où il résulte que la société doit être organisée pour l'avantage du plus grand nombre.

TROISIÈME QUESTION. Quels moyens les philanthropes emploieront-ils pour réorganiser la société?

RÉPONSE. *Le seul moyen que les philanthropes emploieront sera celui de la prédication, tant verbale qu'écrite. Ils prêcheront aux rois qu'il est de leur devoir comme chrétiens, et de leur intérêt pour la conservation de leurs pouvoirs héréditaires, de confier aux savants positifs la direction de l'instruction publique, ainsi que le travail du perfectionnement des théories, et aux industriels les plus capables en administration le soin de diriger les affaires temporelles.*

Ils prêcheront aux peuples qu'ils doivent manifester unanimement aux princes le désir que la conduite des affaires publiques, temporelles et spirituelles soit entièrement abandonnée aux classes les plus capables de les diriger dans le sens de l'intérêt général, et les plus intéressées à leur donner cette direction.

Les philanthropes continueront leurs prédications verbales et écrites pendant tout le temps qui sera nécessaire pour déterminer les princes (par l'effet de leur conviction ou par celui de l'influence toute-puissante de l'opinion publique sur eux) à effectuer les changements dans l'organisation sociale que réclame le progrès des lumières, l'intérêt commun de toute la population, et l'intérêt imminent et immédiat de la très-grande majorité.

En un mot, le seul moyen qui sera employé par les philanthropes sera celui de la prédication; et le seul objet qu'ils se proposeront dans leurs prédications sera celui de déterminer les rois à user des pouvoirs que les peuples les autorisent à exercer, pour opérer les changements politiques devenus nécessaires.

Je fonde, Messieurs, cette opinion que les philanthropes emploieront le pouvoir royal pour opérer la réorganisation de la société sur les trois raisons suivantes :

D'abord, les philanthropes qui compléteront l'organisation du christianisme seront nécessairement animés du même esprit que ceux qui en ont été les fondateurs; ils développeront donc le même caractère, ils suivront la même marche, ils emploieront les mêmes moyens.

Or, c'est un fait bien constaté, un fait sur lequel il ne s'est jamais élevé aucun doute, que les premiers chrétiens n'ont agi à l'égard des rois que par la voie de la persuasion ; ils n'ont aucunement lutté avec eux, ils se sont attachés à les convertir, et ils en sont venus à bout, soit en déterminant directement leur conviction, soit en faisant agir sur eux l'opinion publique, qui est la souveraine des rois.

Je conclus de ce fait que les philanthropes actuels ne chercheront point à renverser les trônes, et qu'ils s'attacheront au contraire à rendre le pouvoir royal favorable à l'établissement des institutions nécessaires pour compléter l'organisation du christianisme.

Je dis ensuite que les philanthropes seraient bien maladroits s'ils concevaient le projet d'attaquer le pouvoir royal, car ils ne pourraient aucunement réussir dans cette entreprise, l'opinion publique s'étant prononcée le plus fortement possible en sa faveur en France, et même dans toute l'Europe.

Les derniers mouvements politiques arrivés en Espagne, en Portugal et dans les États de

Naples ont été commencés par les militaires qui ont joué d'abord le principal rôle dans ces révolutions, et cependant la royauté héréditaire a été complétement respectée. On a vu les Espagnols, les Portugais et les Napolitains proclamer eux-mêmes, et de leur propre mouvement, la conservation des anciennes dynasties, tout en renversant les gouvernements despotiques, dont l'action s'opposait à leur prospérité nationale.

Je dirai enfin, que j'ai fait une expérience personnelle de l'état de l'opinion publique en France, relativement à la royauté. Je dirai qu'ayant entrepris de servir la cause des savants positifs et des industriels, j'ai reconnu qu'il était nécessaire, pour obtenir leur approbation, d'expliquer clairement que c'était le pouvoir royal héréditaire qui devait constituer leur nouvelle existence sociale, et anéantir l'action politique du clergé et celle de la noblesse.

L'intérêt qui m'est témoigné aujourd'hui par un assez grand nombre de savants et d'industriels provient évidemment des efforts que j'ai faits dans mes derniers écrits pour démontrer que les rois, les savants et les industriels avaient des intérêts communs, et que ces intérêts (dont le caractère est vraiment chrétien, puisqu'ils tendent toujours à favoriser la classe la plus nombreuse) sont constamment en opposition avec les désirs du clergé et ceux de la noblesse.

En un mot, les savants et les chefs des travaux industriels désirent nécessairement un changement dans l'état présent des choses; mais ils veulent que ce changement s'opère comme conséquence du grand principe de morale divine; ils veulent qu'il s'effectue légalement, c'est-à-dire, par l'effet de la volonté du roi.

Messieurs, je crois avoir suffisamment établi dans cette Adresse ce qui arrivera, pourquoi cela arrivera, et comment cela arrivera. Je dois maintenant passer de la spéculation à l'action. Je vais soumettre au Roi quelques observations claires sur la marche que suit son ministère. Je vais prouver à Sa Majesté que la conduite de ses ministres est contraire aux intérêts de la couronne, à ceux de la nation, et qu'elle est en opposition directe avec le principe de morale que Dieu a donné aux hommes. Je dirai franchement au prince quels sont les seuls moyens à employer pour établir un ordre de choses stable et satisfaisant pour les hommes pacifiques et bien intentionnés.

Soutenez-moi, Messieurs, et pour me soutenir convenablement, commencez aussi votre tâche, chacun dans le pays que vous habitez. Prêchez aux peuples et aux rois que la seule manière de rétablir la tranquillité consiste à confier le pouvoir spirituel aux hommes qui possèdent les connaissances les plus positives, et à placer la direction des affaires temporelles dans les mains des hommes les plus intéressés au maintien de la paix, et les plus capables en administration.

Dans l'état actuel de la civilisation, ces travaux ne vous exposeront pas à de grands dangers; mais dussions-nous éprouver les mêmes persécutions que les premiers chrétiens, cela ne devrait pas nous empêcher de remplir notre devoir et de nous acquitter de notre mission. Les hommes les plus courageux et les plus désintéressés ont toujours été et seront toujours ceux qui dirigeront la société. Le courage militaire est le premier de tous aux époques d'ignorance [1]

1. Mon intention n'est pas de parler seulement de l'ignorance absolue; je veux désigner aussi les époques d'ignorance relative, état de choses qui existe pour la société quand elle veut constituer un nouvel ordre politique, et qu'elle ne connaît pas les moyens de l'établir. Nous éprouvons les inconvénients de ce genre d'ignorance depuis 1789, et les militaires en ont profité pour jouer le premier rôle, malgré l'état très-avancé de la civilisation.

et de confusion; le courage civil est celui qui rétablit l'ordre et qui favorise le progrès des lumières.

Les travaux des philanthropes de la première époque du christianisme ont consisté à faire adopter aux puissants de la terre le grand principe de la morale divine. Notre mission est une suite de la leur ; elle consiste à déterminer les princes et les grands possesseurs des territoires européens à rendre leur conduite politique conforme à ce principe, en organisant la société de la manière la plus avantageuse pour le plus grand nombre.

Mettons la main à l'œuvre le plus promptement possible; nous pouvons compter sur la protection divine, sur la coopération des hommes vraiment pieux et franchement attachés au Roi et à la nation, ainsi que sur l'appui des peuples.

Fixez un moment votre attention sur les travaux politiques du parlement de France, examinez la conduite de la chambre des députés, arrêtez votre opinion sur ce qui s'est passé dans la séance du 7 février, vous reconnaîtrez que les chefs des deux factions opposées ont sonné le tocsin; vous reconnaîtrez que le moment où vous devez entrer en action est décidément arrivé ; vous reconnaîtrez que si vous tardiez davantage à prononcer votre opinion, votre silence laissant le champ libre aux ambitieux livrerait la société à tous les maux que l'égoïsme et le désir de la domination peuvent lui faire endurer.

Les partisans de la cocarde tricolore et ceux de la cocarde blanche se sont défiés en employant des formes oratoires pour masquer leurs véritables intentions. Entre qui cette lutte aurait-elle lieu si elle éclatait? Ce serait évidemment entre l'ancienne armée et la nouvelle, entre les anciens nobles et ceux créés par Bonaparte, entre ceux qui ont été les chefs de l'administration de Napoléon et ceux à qui le Roi a confié la direction des affaires publiques.

Dans le cas où la cocarde blanche succomberait, la France serait dominée par les nobles et par les sabreurs de Bonaparte; dans le cas contraire, les Français rentreraient sous le joug de l'ancienne féodalité. Ni l'une ni l'autre de ces deux perspectives ne peut plaire à la nation ni convenir aux philanthropes.

Le signal est donné, le moment est arrivé où nous devons développer toute notre énergie; proclamons de nouveau le grand principe de morale divine; ce principe est le seul signe de ralliement qui puisse convenir aux Français ainsi qu'à tous les peuples européens. Tirons hardiment la conséquence générale de ce principe, et déclarons hautement que les pouvoirs politiques doivent sortir des mains des militaires pour être confiés aux hommes qui sont les plus pacifiques, les plus productifs et les plus capables en administration. Nous n'avons plus d'autres ennemis à combattre que les militaires, les nobles et les théologiens, et les seuls moyens qui doivent être employés pour les vaincre, sont la démonstration que leurs principes politiques sont contraires aux intérêts du Roi ainsi qu'à ceux de l'immense majorité de la nation.

Je terminerai cette adresse, Messieurs, en appelant vos souvenirs sur la conduite *propagatrice* des premiers chrétiens; imitons-la; ne nous montrons point sévères à l'égard de ceux qui voudront entrer dans nos rangs, ne recherchons point leur vie antérieure, regardons comme frères tous ceux qui professeront l'opinion que le pouvoir spirituel doit être confié aux hommes les plus éclairés, et que le pouvoir temporel doit résider dans la classe des citoyens les plus intéressés au maintien de la paix, ainsi que de la tranquillité intérieure, et les plus capables en administration.

Messieurs, quelques-uns de ceux qui ont été des plus marquants dans les rangs des ultra, des jacobins ou des bonapartistes, sont peut-être ceux que Dieu a choisis de préférence pour devenir les fondateurs du nouveau christianisme, du christianisme définitif, de celui qui sera entièrement dégagé des superstitions dont les vues ambitieuses du clergé l'ont surchargé, et qui ont été accueillies par l'ignorance de nos pères. En un mot, admettons les hérétiques en morale et en politique, pourvu qu'ils abjurent franchement leurs hérésies et qu'ils travaillent avec zèle à l'établissement de la vraie doctrine.

Les hommes prudents et modérés sont très-propres à maintenir un ordre de choses établi ; ils sont même capables d'y introduire de légères modifications, mais ils n'ont point l'énergie nécessaire pour effectuer les grandes améliorations. Les premiers chrétiens étaient des hommes passionnés, les nouveaux doivent l'être également, et les hommes passionnés sont exposés, par l'effet de leur caractère, à commettre de grandes fautes. L'apôtre Paul avait commencé par être un des ennemis les plus ardents du christianisme.

J'ai l'honneur d'être, Messieurs,

Votre très-humble et très-obéissant serviteur,

HENRI SAINT-SIMON,

Rue de Richelieu, 34.

POST-SCRIPTUM.

Je vous engage à lire avec beaucoup d'attention les Lettres qui précèdent cette adresse; vous y trouverez les arguments nécessaires pour combattre les sophismes des diverses factions; vous y rencontrerez aussi quelques-uns des faits qui doivent servir de base à la démonstration, que le seul moyen pour les Européens de terminer la crise politique que le progrès des lumières a déterminée, consiste à retirer entièrement les pouvoirs politiques des mains des théologiens, des nobles, des militaires et des métaphysiciens.

Je vous invite aussi à lire mon ouvrage ayant pour titre *l'Organisateur*. Ces deux livres sont certainement très-inférieurs à ce qu'ils pourraient être; ils sont très-inférieurs à ceux qui seront écrits plus tard sur le même sujet; mais ils sont, quant à présent, les seuls où les choses aient été considérées du point de vue que je vous ai indiqué dans cette Adresse.

Enfin, Messieurs, je vous conseille de lire l'ouvrage de M. de Pradt, ayant pour titre : *de l'Europe et de l'Amérique*. Dans cet ouvrage, où l'auteur résume tous ses travaux précédents, il considère les choses d'un point de vue très-élevé. Il ne s'occupe point d'indiquer le remède, mais il constate le caractère de la maladie sociale que nous éprouvons avec une sagacité vraiment remarquable.

AU ROI

PAR HENRI SAINT-SIMON

DU

SYSTÈME INDUSTRIEL

DEUXIÈME PARTIE

AU ROI

PREMIÈRE ADRESSE

Dieu a dit : « Aimez-vous et secourez-vous les uns les autres. »

A PARIS

CHEZ L'AUTEUR, rue de Richelieu, n° 34

ET CHEZ LES MARCHANDS DE NOUVEAUTÉS

1821

DU

SYSTÈME INDUSTRIEL

(DEUXIÈME PARTIE)

AU ROI

Sire,

La marche des événements aggrave de plus en plus la crise dans laquelle se trouve la société, non-seulement en France, mais dans toute la grande nation formée par les différents peuples occidentaux de l'Europe. Le besoin de terminer cette crise, d'arriver enfin à un état de calme et de stabilité devient chaque jour plus imminent; il est senti de plus en plus profondément par tous les hommes honnêtes, quelle que soit d'ailleurs leur manière de voir. Malheureusement, ni les peuples ni les rois ne suivent une direction qui puisse faire atteindre ce but. La conduite des uns et celle des autres sont à peu près également vicieuses, chacune à sa manière.

Les peuples ne se montrent animés que d'un désir vague et indéterminé d'amélioration, sans aucune opinion positive et arrêtée sur la nature des perfectionnements à introduire, non plus que sur les moyens de les opérer. Le seul point sur lequel leurs idées soient nettement et uniformément prononcées, c'est l'abolition entière et irrévocable de l'ancien système politique. En un mot, l'opinion des peuples n'a encore qu'un caractère essentiellement critique, et par conséquent révolutionnaire.

D'un autre côté, les rois, épouvantés d'une crise qu'ils n'envisagent que comme tendant à détruire, sans apercevoir plus clairement que leurs peuples, ce qu'elle tend à organiser, sont naturellement poussés à employer toutes leurs forces pour arrêter le mouvement de la civilisation, et même, autant que possible, pour le faire rétrograder. C'est là, en effet, le but vers lequel est évidemment dirigée toute leur politique, tant européenne que nationale.

Ainsi l'opinion des rois n'est pas plus saine que celle des peuples : elle contient tout autant d'éléments de désordre ; elle contribue aussi fortement à la prolongation de la crise. Ce n'est donc, ni en contraignant les rois à adopter l'opinion des peuples, ni en forçant les peuples à se ranger à l'opinion des rois, qu'on peut rétablir un calme durable. C'est uniquement en convertissant les rois et les peuples à une opinion nouvelle, vraiment conciliatrice. Quelle doit être cette opinion? Telle est aujourd'hui la question la plus importante, celle dont la solution est le plus impatiemment attendue par tous les bons esprits. J'ose avouer, Sire, que je crois l'avoir trouvée.

Le véritable caractère de l'époque actuelle se prononce tous les jours davantage.

Il n'est plus possible de méconnaître que la crise éprouvée par tous les peuples de l'Europe occidentale consiste dans la tendance commune de ces diverses nations vers l'établissement d'un nouveau système de société. Par la nature des choses, l'unique moyen de terminer cette crise est évidemment de travailler, d'un commun accord, à constituer le système politique dont l'état actuel de la civilisation commande, avec une force irrésistible, l'immédiate organisation, puisque, par cela même, ce système est indubitablement le seul qui puisse acquérir de la solidité. Or, je ne crains pas de l'avancer hardiment, pour quiconque a observé avec attention la marche de la civilisation, il est pleinement démontré que le système vers lequel l'espèce humaine a toujours tendu jusqu'à ce jour dans l'Europe occidentale, celui qui doit aujourd'hui remplacer le régime féodal et théologique, est le système industriel et scientifique ; c'est-à-dire, celui qui établira un nouveau pouvoir temporel placé entre les mains des chefs des travaux de culture, de fabrication et de commerce, et un nouveau pouvoir spirituel confié aux savants positifs. Les éléments de ce système sont arrivés à leur entier développement, puisque les industriels possèdent aujourd'hui toutes les forces temporelles de la société, et les savants toutes les forces spirituelles. La seule condition qui reste à remplir, pour que ces deux éléments politiques se combinent, et que le nouveau système commence à s'établir, c'est la proclamation et la reconnaissance générale de ce grand fait, résultat final de tous les progrès de la civilisation ; en un mot, la formation d'une opinion industrielle et scientifique. Cette opinion une fois formée et admise, l'établissement du nouveau système serait en pleine activité, et s'effectuérait paisiblement et par degrés, selon le cours naturel des choses. La révolution française, et même la révolution européenne, seraient, dès ce moment, terminées, comme crises, et se réduiraient à un simple mouvement moral.

La prolongation de la crise ne tient en effet qu'à ce que cette opinion n'est point encore devenue dominante, à ce qu'elle reste concentrée dans l'esprit d'un très-petit nombre de penseurs ; car l'ignorance et l'incertitude où sont les peuples et les rois du véritable caractère du système qui tend à s'établir, sont la source première de leurs erreurs et de leurs fautes respectives ; c'est là ce qui maintient les uns et les autres dans une direction vicieuse.

Aussitôt que les peuples sentiront clairement qu'il s'agit maintenant d'établir le régime industriel et scientifique, ils reconnaîtront immédiatement que l'ancien système est aujourd'hui assez modifié pour permettre de travailler directement à la constitution graduelle et paisible du système nouveau. Leur activité cessera donc de se porter sur la critique pour se concentrer tout entière sur l'organisation ; ils quitteront par conséquent le caractère révolutionnaire.

De même, aussitôt que les rois, au lieu de contempler, dans un vague effrayant, l'ordre de choses qui tend à se constituer, s'en seront formé un idée juste et précise, ils reconnaîtront aisément que l'existence de la royauté, loin d'être compromise par l'élan actuel de la civilisation, tend au contraire à se consolider, en s'incorporant au nouveau système ; ils sentiront du reste, avec la même facilité, combien il serait absurde et chimérique de prétendre empêcher la formation d'un régime qui s'appuie, non sur les intérêts d'une faction, mais sur tout ce qu'il y a de forces réelles dans la société, au temporel et au spirituel. Ils renonceront donc, de leur côté, au caractère rétrograde pour se placer à la tête du grand mouvement d'organisation.

L'opinion que le pouvoir temporel doit passer aujourd'hui entre les mains des industriels, et le pouvoir spirituel entre les mains des savants, est donc la seule qui puisse faire cesser la crise dans laquelle tout l'occident européen est engagé : elle est la seule qui puisse rétablir l'harmonie entre les peuples et les rois : elle est la seule enfin qui puisse anéantir l'influence malfaisante des diverses classes de factieux, influence fondée tout entière sur les idées vagues et erronées par lesquelles les peuples et les rois sont encore dominés.

Ainsi, le premier devoir de tous les bons esprits, de tous les vrais philanthropes, est aujourd'hui de développer et de propager le plus possible l'opinion industrielle et scientifique. Leur but doit être, en un mot, de convertir les peuples et les rois à cette opinion. Telle est la tâche que je me suis imposée, et que je remplirai autant qu'il sera en moi, en combattant toutes les idées fausses qui éloignent encore les peuples et les rois de cette opinion.

C'est pour atteindre un tel but, Sire, que, dans la première partie de cet ouvrage, je me suis efforcé de convaincre Votre Majesté que la direction suivie par son ministère était absolument vicieuse, et qu'elle exposait aux plus grands dangers votre auguste dynastie. Au lieu d'abandonner cette fausse route, le ministère s'enfonce chaque jour plus avant dans la voie de perdition. Une telle conduite m'impose le devoir de faire auprès de Votre Majesté de nouveaux et plus puissants efforts pour lui ouvrir les yeux sur la marche insensée que suivent ses ministres.

Par la série de leurs actes depuis l'ouverture de la session actuelle, et notamment par le projet de loi sur l'organisation municipale, quant au temporel, et par l'ordonnance sur l'instruction publique, quant au spirituel, ils ont manifesté la volonté formelle de rétablir les classes féodale et théologique dans leur ancienne domination. Une conduite aussi absurde compromet, de la manière la plus grave et la plus imminente, les intérêts de la royauté, et l'existence même de votre auguste dynastie. L'incapacité des conseillers de Votre Majesté conspire contre elle beaucoup plus efficacement que s'ils étaient stipendiés par ses plus implacables ennemis. La faction qui médite un changement de dynastie est aux aguets ; elle n'attend qu'un acte marquant de folie de la part du ministère pour tenter de diriger contre les Bourbons l'indignation nationale provoquée par l'ineptie ministérielle.

Dans des circonstances aussi pressantes, et lorsque tout concourt auprès de Votre Majesté pour lui cacher le véritable état des choses, je dois, comme tout sujet vraiment fidèle, m'efforcer de nouveau de signaler au pouvoir royal les dangers que lui prépare la marche suivie par le ministère, et de lui présenter en même temps celle qui devrait être suivie. Cet examen a d'autant plus d'importance que de l'adoption d'une saine politique en France, dépend nécessairement son adoption par les peuples et par les rois, dans tout le reste de l'Europe.

Sire, je ne crois pas avoir besoin d'excuser la forme que je donne à cet exposé, quoique encore inusitée parmi nous. Je ne cherche pas même à m'autoriser de l'exemple de l'Angleterre, où le discours royal est toujours librement discuté par les publicistes. Si j'ai préféré cette forme à toute autre, c'est parce qu'elle m'a paru la plus propre à fixer l'attention de Votre Majesté sur les considérations que j'ai l'honneur de lui soumettre. Si j'eusse connu une autre forme susceptible de faire sur son esprit une impression plus profonde, je l'aurais choisie sans hésiter. J'ai prouvé par le fait, et tout récemment encore par la première partie de cet ouvrage, que je n'étais pas plus le flatteur des peuples que celui des rois, qu'aucune intention hostile ne m'animait, et que j'étais mu par le seul désir de servir l'intérêt commun des rois et des peuples, ce qui oblige nécessairement à dire aux uns et aux autres des vérités qui peuvent paraître importunes ; je n'ai pas d'autre réponse à faire à ceux qui seraient choqués de la liberté que je prends d'examiner avec franchise le discours de Votre Majesté.

Ce n'est pas dans l'état imminent où se trouvent la France et l'Europe, qu'on peut attacher la moindre importance à de vaines lois d'étiquette.

Tout ce qui peut entraver l'exposition de la pensée, et restreindre le libre examen de l'opinion des rois comme de l'opinion des peuples, est actuellement plus nuisible que jamais. Si les hommes qui prétendent aujourd'hui étouffer toutes discussions ont trouvé la solution du grand problème qui occupe tous les esprits en France, et même en Europe, qu'ils la produisent, et on les excusera. Mais si des faits malheureusement trop nombreux et trop évidents constatent leur incapacité absolue à faire une découverte si ardemment désirée par les rois et par les peuples, qu'ils se tiennent à l'écart, et qu'ils aient du moins le mérite de n'en point empêcher la recherche ou la propagation. L'incapacité est un crime aujourd'hui dans ceux qui consentent à se charger de conseiller les rois et de diriger les peuples : mais quand l'ineptie veut de plus s'arroger le monopole de la pensée, on ne sait comment qualifier une telle monstruosité.

Le discours royal, envisagé dans son ensemble, annonce évidemment le dessein formel de s'écarter plus que jamais du seul plan de conduite qui puisse terminer la révolution, c'est-à-dire, du plan qui tendrait à lier la cause royale à celle des industriels et des savants ; il annonce l'intention de faire, au contraire, cause commune avec les débris de la féodalité et de la théologie. Sous ce rapport, ce discours a été, pour ainsi dire, examiné d'avance dans la première partie de cet ouvrage. Je ne dois donc m'occuper ici que de la discussion des points principaux du discours, considérés séparément.

1° Votre Majesté a commencé son discours, en se félicitant de la naissance de monseigneur le duc de Bordeaux. « Le deuil était dans ma » maison, » a-t-elle dit ; « un fils a été accordé à » mes ardentes prières ; la France, après avoir » mêlé ses larmes aux miennes, a partagé ma » joie et ma reconnaissance avec des transports » que j'ai vivement ressentis. »

Qu'il me soit permis, Sire, dans l'intérêt de votre auguste dynastie, de soumettre à Votre Majesté, sur ce premier passage, une simple observation.

L'assassinat de monseigneur le duc de Berry a fait éprouver un vif sentiment d'horreur à tous les cœurs français. Tous ont également été sensibles à la joie que l'heureuse délivrance de son auguste veuve a répandue dans votre maison. Mais il serait triste que des flatteurs eussent assez dénaturé ces deux faits, pour les présenter à

Votre Majesté comme la preuve d'un grand attachement de la nation à votre dynastie. Il importe de ne point se faire illusion à cet égard.

La marche rétrograde plus ou moins prononcée, suivie depuis la restauration par les ministres de Votre Majesté, a malheureusement donné lieu à la faction ennemie des Bourbons d'exercer sur l'opinion nationale une extrême influence, ainsi que j'ai eu l'honneur de l'exposer à Votre Majesté dans la première partie de cet ouvrage. Si cela n'était point, le ministère serait bien coupable de s'être fait investir par les Chambres de pouvoirs extraordinaires, afin de combattre une faction qui, dans une telle hypothèse, n'aurait eu aucune force réelle. L'influence de cette faction, bien loin de diminuer, a été, au contraire, en augmentant, et augmente tous les jours, parce que le ministère l'a de plus en plus alimentée, en se prononçant chaque jour davantage dans la direction rétrograde.

Mais, indépendamment de toute opinion, et même malgré les opinions les plus enracinées, l'homme compatit aux douleurs et aux joies de ses semblables, par un sentiment tellement naturel, qu'il a fréquemment pour objet des êtres purement imaginaires. Grâces à l'état très-avancé de la civilisation et à la douceur des mœurs, qui en est une heureuse conséquence, ce sentiment est aujourd'hui très-général et très-actif. C'est uniquement à lui qu'il faut rapporter les émotions d'horreur et d'allégresse qui ont tour à tour agité la France, à l'occasion des événements qui ont successivement porté le deuil et la consolation dans votre maison. Ces émotions, en un mot, quoique très-vives, ont été d'une nature purement morale; elles n'ont eu, dans la très-grande majorité de la nation, aucun caractère politique.

On concevrait même difficilement que les partisans les plus zélés de la dynastie des Bourbons eussent pu attacher, en réalité, à la naissance de monseigneur le duc de Bordeaux, aucune importance politique, puisque, vu la nombreuse postérité de monseigneur le duc d'Orléans, la dynastie n'était, en aucun cas, menacée d'extinction. Des hommes qui emploient tous leurs efforts à faire méconnaître à Votre Majesté le véritable état des choses, afin de la déterminer à favoriser leurs plans désastreux, ont entrepris de l'abuser sur ce fait par un vain simulacre de souscription nationale pour l'achat du domaine de Chambord. Mais leur maladroite conduite n'a fait que rappeler involontairement aux observateurs impartiaux l'ignoble souvenir des jongleries si souvent pratiquées par les adulateurs de Bonaparte.

2° Après le passage qui est le sujet des réflexions précédentes, Votre Majesté a exprimé sa satisfaction sur l'heureux état de nos relations extérieures. Elle s'est félicitée de ce que le gouvernement français fait partie de la Sainte-Alliance.

Je ne rechercherai point ici jusqu'à quel point cette participation peut paraître honorable et utile, dans un moment où la Sainte-Alliance déploie, à main armée, un caractère évidemment rétrograde. La discussion de la politique générale adoptée par la Sainte-Alliance est d'une telle importance, que je dois la réserver pour un travail spécial. J'examinerai si la Sainte-Alliance a le droit de trouver mauvais qu'un peuple abolisse chez lui l'ancien système politique, quand elle-même a porté au comble la désorganisation de ce système, en donnant, par le fait seul de son existence, le monstrueux exemple d'un conseil européen suprême, dans lequel le pouvoir spirituel n'a pas une seule voix, même consultative. Je montrerai que ce qu'il y a de justement répréhensible dans la manière dont se sont effectuées les dernières révolutions, tient nécessairement à l'absence de tout pouvoir spirituel organisé, l'ancien n'ayant plus aucune influence, et celui qui doit lui succéder n'étant point encore constitué; que, par conséquent, c'est là un inconvénient inévitable, inhérent à l'état actuel des choses, et contre lequel il est aussi absurde qu'injuste de vouloir lutter par la force des armes. Je ferai voir, enfin, quant au dernier et principal motif réel allégué par la Sainte-Alliance, savoir, l'influence que peut exercer l'exemple de la révolution de Naples pour détruire dans l'Italie la domination absolue de l'empereur d'Autriche, que rien ne peut maintenir, d'une manière durable, une domination aussi contraire à la nature des choses, et que l'attaque tentée par l'empereur d'Autriche contre le peuple napolitain tend à précipiter la chute de cette domination, bien loin de pouvoir la retarder. Mais je dois me borner ici à indiquer ces principales considérations.

Quant à présent, je crois seulement devoir faire observer à Votre Majesté que l'attitude équivoque de ses agents diplomatiques, dans cette importante circonstance, n'est nullement en harmonie avec l'opinion nationale, qui, dans cette occasion, est parfaitement conforme à celle de tous les hommes éclairés. Non, le peuple français n'est pas neutre entre les soldats de l'empereur d'Autriche et la nation napolitaine. Quel que soit le plan de politique extérieure adopté par Votre Majesté, elle doit se glorifier, comme chef de la nation, qu'un tel sentiment de neutralité n'y existe point, car il aurait flétri le caractère national.

3° J'oserai maintenant appeler l'attention de Votre Majesté sur le passage suivant :

« Je ne tairai pas, dans cette communication
» solennelle avec mon peuple, les faits graves
» qui, durant le cours de l'année, ont affligé
» mon cœur ; heureux, cependant, de pouvoir
» dire que si l'État et ma famille ont été mena-
» cés par un complot, trop voisin des désordres
» qui l'avaient précédé, il a été manifeste que la
» nation française, fidèle à son roi, s'indigne à la
» seule pensée de se voir arracher à son scep-
» tre paternel, et de devenir le jouet d'un reste
» d'esprit perturbateur qu'elle a hautement dé-
» testé. »

Sire, Votre Majesté a pris une sage résolution, aussi conforme aux intérêts de la nation, qu'aux siens propres, et dont tous les amis éclairés de la cause populaire lui ont su gré, quand elle s'est proposé de terrasser la faction ennemie des Bourbons. Malheureusement, le ministère qui s'est chargé d'accomplir cette tâche importante a montré la plus étrange incapacité, en s'accolant à la faction des ci-devant privilégiés, au lieu de prendre pour appuis les industriels et les savants. Il devait résulter et il est résulté de cette grande faute, que le but indiqué par Votre Majesté à ses ministres a été complétement manqué par eux, et que votre auguste dynastie se trouve plus que jamais en péril.

Pour anéantir l'influence de la faction dirigée par la noblesse de Bonaparte, le ministère a cru devoir s'armer d'un grand pouvoir extraordinaire ; et il s'en est fait investir dans la session dernière par les trois lois d'exception sur les élections, sur la liberté de la presse, et sur la liberté individuelle. Avec de tels moyens, qui équivalent à une dictature absolue, il faudrait une incroyable ineptie dans la manière de les employer, pour ne pas réussir. C'est néanmoins ce qui est arrivé.

Le ministère n'a pas cru pouvoir mieux combattre la féodalité de Bonaparte, qu'en faisant entièrement cause commune avec la noblesse et le clergé, il s'est constitué le champion des débris de l'ancien système politique. Il a employé son influence suprême sur les élections à faire composer la majorité de la Chambre dite des communes, de membres ou servants de l'ancienne féodalité. Il a usé de la direction des journaux, qui lui était tout à fait abandonnée, pour assurer aux organes de cette faction une pleine liberté, et même une scandaleuse licence, à l'abri de toute contradiction. Sa conduite, sous ce rapport, restera gravée dans la mémoire des hommes, comme un modèle parfait de la manière dont on peut s'attirer tout à la fois la haine, le mépris, et le ridicule, ce qui, jusqu'à présent, avait paru impossible.

Depuis l'ouverture de la session actuelle, le ministère a toujours persisté dans la même direction. Il a déjà présenté, dans l'intérêt de la faction féodale et théologique, un projet de loi sur les municipalités, et fait rendre une ordonnance sur l'instruction publique, dont il sera question en peu de mots à la fin de cet écrit. Enfin, pour compléter, sans doute, son système de mesures préparatoires en faveur de la même faction, il s'efforce dans ce moment de lui faire obtenir le monopole de la tribune.

Où tend une telle conduite? Quels intérêts

sert-elle, en réalité? On ne peut se le dissimuler, ce sont uniquement et directement ceux de la féodalité de Bonaparte, de cette faction que le ministère avait été chargé d'anéantir.

Il est d'abord très-évident qu'un plan de conduite qui non-seulement tend à arrêter la civilisation, dans son élan actuel, mais encore à la faire rétrograder, n'est pas et ne peut pas être dans l'intérêt de la nation. Si un projet aussi absurde pouvait se réaliser pendant quelques instants, l'ordre de choses qui en résulterait serait très-inférieur à celui qui existait avant 1789, et sous le rapport de la liberté, et sous le rapport de la quantité d'impôts, et sous le rapport de l'emploi utile des deniers publics.

En second lieu, ce plan de conduite est au moins aussi opposé aux intérêts de la maison de Bourbon, qu'à ceux de la nation. Il l'est même beaucoup plus, car si, par son absurdité même, il ne peut avoir pour la nation aucun inconvénient réel et durable, il expose, au contraire, la maison de Bourbon aux plus grands et aux plus pressants dangers. La nation française a juré, en 1789, de secouer pour jamais le joug des castes féodales et théologiques. Cette résolution, bien loin de s'affaiblir depuis cette époque, a pris des racines de plus en plus profondes ; elle est devenue la première pensée de la génération actuelle. Elle prend aujourd'hui de plus en plus d'énergie, en proportion des efforts tentés par les ex-privilégiés pour rétablir leur domination. Le ministère, en se plaçant à leur tête, tend à envelopper la dynastie des Bourbons dans l'anathème que la nation a prononcé contre cette poignée de factieux.

Enfin, ce n'est pas même l'intérêt réel des privilégiés que le plan de conduite adopté par le ministère peut efficacement servir. Pour vouloir leur faire tout recouvrer, il les empêchera de rien obtenir, et peut-être les exposera-t-il à de nouveaux malheurs.

Si, par respect pour les affections privées de votre auguste dynastie, le ministère désire véritablement être utile aux débris de la féodalité et de la théologie, au lieu de se laisser guider par leurs aveugles prétentions, qu'il les tienne en tutelle, qu'il les préserve des effets de leur propre fureur. Que le ministère adopte avec franchise et loyauté le seul plan de conduite qui puisse obtenir un succès constant et réunir l'assentiment de la nation, celui que j'ai eu l'honneur d'exposer à Votre Majesté dans la première partie de cet ouvrage, et qui consiste à lier d'une manière formelle et irrévocable la cause royale à celle des industriels et des savants; j'ose affirmer qu'alors il obtiendrait facilement de l'industrie une indemnité suffisante pour satisfaire les désirs raisonnables des ci-devant privilégiés. Car la nation n'a d'aversion pour eux qu'autant qu'ils veulent présider à la conduite des affaires publiques : quand ils se renfermeront dans la nullité politique à laquelle la marche de la civilisation les a condamnés depuis longtemps, la générosité nationale s'empressera de les dédommager. Au contraire, si le ministère s'obstine à suivre le plan de conduite qu'il a adopté, la simple proposition d'une indemnité en faveur des émigrés suffirait peut-être pour déterminer en France une explosion générale, dans laquelle ils éprouveraient, vraisemblablement, de nouveaux désastres, parce que la nation ne verrait aujourd'hui dans un tel acte qu'un premier pas vers la restitution de leurs biens et le rétablissement de leurs priviléges.

Ainsi, la conduite du ministère n'est, en réalité, ni dans l'intérêt de la nation, ni dans l'intérêt de la maison de Bourbon, ni dans l'intérêt des privilégiés eux-mêmes. On est donc inévitablement forcé de conclure, par voie d'exclusion, que c'est pour la féodalité de Bonaparte que les ministres travaillent, certes, sans le vouloir.

C'est, en effet, ce dont il est aisé de se convaincre directement.

Toute la force de la faction, dirigée par la noblesse de Bonaparte, repose, en dernière analyse, sur sa popularité. Privée de cet aliment, et réduite à elle-même, elle est impuissante, et ne doit, en aucune manière, exciter l'inquiétude de Votre Majesté. Mais aussi c'est sur ce terrain seul qu'il faut l'attaquer, si l'on veut la frapper à mort ; tout autre moyen est absolument illusoire. Or, rien n'était plus facile pour un ministère qui n'eût pas été totalement incapable, que de détruire cette popularité, tandis que la conduite tenue par le ministère actuel n'a abouti qu'à l'augmenter.

La popularité de cette faction est, en partie, négative, et en partie positive. Elle est négative, en tant qu'elle repose sur les fautes commises par le gouvernement, qui tendent à répandre et à fortifier dans la nation l'opinion de la nécessité d'un changement de dynastie. Elle est positive, dans ce sens que, sans parler des souvenirs de gloire militaire dont cette faction sait si habilement tirer parti, son dogme fondamental, celui qui lui sert de leurre, est le dogme de l'égale admissibilité à toutes les places, qui, éloignant dans les individus le désir de la suppression des abus, attire chacun d'eux par la perspective d'en exploiter quelqu'un à son profit.

Si l'on envisage, sous ces deux rapports, la conduite qu'aurait pu tenir le ministère, qu'il peut tenir de ce moment, pour enlever la popularité à la faction dirigée par la noblesse de Bonaparte, qu'on la compare à celle qu'il a tenue, et qu'il tient encore, on ne peut s'empêcher de déplorer le sort de la maison de Bourbon et celui de la nation française, qui voient perdre, ou, du moins, retarder, par une incapacité ministérielle dont il y a peu d'exemples, un avantage qu'il était si facile d'obtenir immédiatement.

En effet, il est évident, quant à la première espèce de popularité, celle que j'ai nommée négative, que le ministère, loin de la détruire, l'a fortifiée de tout son pouvoir, en se faisant le chevalier des anciens nobles et des tonsurés, et qu'au contraire, s'il s'était décidé à allier la royauté avec les industriels et les savants, il aurait enlevé cette ressource à la faction ennemie des Bourbons. Cette alliance de la cause royale avec la cause industrielle et scientifique, était encore, sans aucun doute, le meilleur moyen, on peut même dire le seul, d'anéantir la seconde espèce de popularité. Car, la suppression des abus est, incontestablement, beaucoup plus populaire que l'égale participation aux abus puisque tous les individus profitent de la première, tandis que la seconde ne peut être, en définitive, utile qu'à un très-petit nombre. Une vérité aussi palpable eût bien pu néanmoins, à cause des préjugés existants, n'être pas d'abord comprise par la majorité de l'industrie ; mais elle l'eût été certainement par les savants et par les industriels les plus éclairés dont l'influence continuelle l'aurait bientôt vulgarisée. Au lieu de cela, le ministère, en se mettant à la tête d'une faction, dont le mot sacramentel est l'hérédité des droits et des places, s'est étourdiment constitué en opposition absolue avec le dogme de l'égale admissibilité ; et, par une réaction inévitable, cette conduite a fortifié d'autant la popularité que la noblesse de Bonaparte tire de ce dogme.

Ce n'est donc point, Sire, un simple mouvement d'indignation qui plus haut m'a fait dire à

Votre Majesté que si son ministère eût été soudoyé par les ennemis des Bourbons, il n'eût pas pu agir en leur faveur plus efficacement qu'il ne l'a fait avec l'intention réelle et loyale de déjouer leurs projets. Cette expression se trouve n'être que celle de l'exacte vérité.

Mais peut-être le ministère a-t-il pensé qu'il pourrait soutenir envers et contre tous son plan insensé de rétrogradation, et faire échouer les tentatives que ce plan pourrait provoquer contre la dynastie des Bourbons, avec l'appui de l'armée, dans laquelle il paraît avoir une grande confiance. Peut-être a-t-il pensé qu'étant sûr des soldats, il n'avait pas besoin de s'inquiéter si sa politique conviendrait ou non à la nation. Il est aisé de réfuter en peu de mots une opinion aussi fausse sous tous les rapports qu'insultante pour le peuple français, et injurieuse pour Votre Majesté, auprès de laquelle, sans doute, le ministère s'est bien gardé de faire valoir un tel moyen.

Je ne m'arrêterai point à prouver que les armées sont impuissantes contre les nations, au moins pour un temps durable ; ou, en d'autres termes, que les baïonnettes n'ont aucune force contre les opinions ; ce qui est aujourd'hui d'une parfaite évidence. Je ferai seulement observer au ministère, que deux puissants motifs, d'une autre nature, lui défendent de compter solidement sur un tel appui.

En premier lieu, il suffit de nommer le dangereux exemple des révolutions récemment effectuées par des armées soldées, pour en faire apprécier toute la force. La révolution qui vient d'être opérée, ces jours derniers, de la même manière, dans un pays limitrophe à la partie de la France la plus susceptible d'exaltation, rend ce danger d'une gravité effrayante.

En second lieu, l'intérêt particulier de l'armée la met évidemment en opposition naturelle avec le plan de conduite adopté par le ministère, et la pousse, au contraire, vers la faction dirigée par la noblesse de Bonaparte ; car c'est sur les soldats que le dogme de l'égale admissibilité aux grades exerce la plus grande et la plus pernicieuse influence ; ils ont en horreur le principe de l'hérédité des emplois.

Si l'on pèse ces différents motifs, sur lesquels il serait superflu d'insister, on réduira à sa juste valeur la confiance que le ministère fonde sur l'armée. Il juge les dispositions des soldats et des officiers subalternes par celles des colonels, des généraux et des maréchaux, quoique les unes et les autres soient presque absolument opposées.

Je ne crois pas avoir besoin de témoigner ici mon aversion pour les dispositions que je ne fais que signaler, d'après des considérations qui me paraissent mériter d'être sérieusement examinées par le ministère, s'il veut remplir l'attente de tous les hommes de bien, en même temps que celle du Roi. J'ai déjà exprimé, depuis longtemps, mon opinion arrêtée sur l'intervention des militaires dans les affaires civiles. Je pense que, si on peut me reprocher quelque sentiment erroné, ce n'est pas du moins celui d'une prédilection quelconque pour l'action militaire.

En dernière analyse, la tâche que Votre Majesté a imposée à ses ministres, autant dans l'intérêt de la nation que dans celui de sa couronne, d'anéantir l'influence de la faction ennemie des Bourbons, a été confiée à des mains incapables; elle est fort loin d'être accomplie; et, tout au contraire, le mal est devenu de plus en plus grave. Il augmentera chaque jour, tant que le ministère persistera dans le plan de conduite radicalement vicieux qu'il a choisi. Pour détruire une faction dont l'empire est fondé sur la popularité, il faut se rendre plus populaire qu'elle ; c'est la condition *sine quâ non*. Le seul moyen d'y parvenir, et il était très-simple, consistait à adopter l'opinion industrielle, à marcher d'après elle. Au lieu de suivre un plan si bien dicté par la nature même des choses, le ministère a cru devoir se mettre à la tête d'une opinion moins populaire que celle qu'il voulait combattre, ou plutôt absolument impopulaire, et frappée depuis longtemps de la réprobation universelle. Par là, malgré les pouvoirs immenses dont il s'était investi, il a fortifié considérablement l'influence de la faction qu'il croyait éteindre.

Votre Majesté a pu constater ce résultat en jetant un coup-d'œil observateur sur les débats de la chambre des communes dans la session actuelle.

La faction dirigée par la noblesse de Bonaparte a provoqué les discussions les plus audacieuses. Quelle a été, dans ces occasions, l'attitude des ministres de Votre Majesté, et notamment dans la séance caractéristique du 7 février, où les deux partis opposés ont pleinement donné à entendre leurs intentions ? Malgré tous les avantages de position, cette attitude a été molle et sans vigueur, auprès de celle de la faction ennemie des Bourbons. Les spectateurs impartiaux et éclairés ont pu y reconnaître le cachet d'une opinion populaire combattue avec une opinion impopulaire, et avec le sentiment de son impopularité. Le discours de M. le garde des sceaux a été certainement très-remarquable : il a dévoilé avec énergie le but de la faction ; mais quand il s'est agi de lutter contre ses moyens de popularité, il a évidemment échoué, parce qu'il était dans une fausse position, en ne paraissant dans la lice qu'en qualité de champion des gentilshommes et des tonsurés. Si, au contraire, M. le garde des sceaux avait été armé de l'opinion industrielle, avec quelle facilité son éloquence n'eût-elle pas pulvérisé tout ce vain étalage de la gloire militaire acquise sous la domination de Bonaparte, et ces déclamations sur l'égale admissibilité à l'exercice du pouvoir ! Le spectacle offert dans cette séance mérite d'être médité. Pour quiconque veut approfondir les réflexions auxquelles il donne lieu, ainsi que celles que font naître également plusieurs autres séances plus ou moins marquantes, il devient parfaitement évident que l'opinion industrielle peut seule lutter avec avantage contre l'opinion bonapartiste.

Sire, en résumant cet examen, qui m'a semblé nécessiter, par son importance, quelque développement, je crois devoir conjurer Votre Majesté, dans l'intérêt immédiat de son auguste maison, et dans l'intérêt non moins réel de la nation française, d'ordonner à son ministère qu'il renonce au plan de conduite absurde et désastreux que, dans son incapacité, il a cru devoir préférer, pour adopter enfin le seul plan qui puisse détruire la fatale influence de la faction bonapartiste, en plaçant la royauté à la tête de la cause industrielle et scientifique. Le succès de ce plan serait certain et immédiat, car l'influence de la faction ennemie des Bourbons sur l'esprit national, quoique fort grande aujourd'hui, ne tient, en réalité, qu'à l'inactivité d'une opinion plus populaire que la sienne, l'opinion industrielle, et à la prépondérance dans le ministère d'une opinion absolument impopulaire. Le jour où Votre Majesté obligerait son ministère à marcher dans le sens industriel, en abandonnant la cause irrévocablement perdue des classes féodale et théologique, l'influence de l'opinion bonapartiste se dissiperait à l'instant ; et

Votre Majesté pourrait dire, à juste titre, que « la nation française, fidèle à son roi, s'indigne » à la seule pensée de se voir arracher à son » sceptre paternel. »

« 4° Votre Majesté a annoncé, ensuite, que les » économies qu'elle a prescrites, l'amélioration » des revenus de l'État, et la solidité éprouvée » du crédit, permettent de proposer, dans cette » session même, une nouvelle diminution des » impôts que supportent directement les contri- » buables. Cet allégement sera d'autant plus effi- » cace, a-t-elle ajouté, qu'il produira une répar- » tition plus égale des charges publiques. »

De quelle manière les ministres ont-ils réalisé ces promesses solennelles de Votre Majesté ?

Pour entrer dans la route de l'économie, ils ont commencé par créer une foule de nouveaux chambellans, écuyers, gentilshommes de la chambre, etc. ; ils ont compliqué à plaisir l'état major des principales administrations financières ; il se sont adjoint de nouveaux collègues, dont la seule fonction paraît être, jusqu'ici, de donner des gages du dévouement du ministère à la faction féodale et théologique. Pour alléger les contribuables, ils ont présenté un budget plus monstrueux encore que ceux des années précédentes. Enfin, pour produire une répartition plus égale des charges publiques, ils ont imaginé, en faveur des propriétaires territoriaux, d'augmenter de plusieurs millions la masse des impôts indirects, qui retombent principalement sur le peuple.

Est-ce ainsi qu'on ose se jouer des intentions si formellement exprimées par Votre Majesté? Espère-t-on, par des impostures aussi grossières, faire prendre le change à une nation évidemment livrée au pillage le plus scandaleux?

Toutefois, l'indignation qu'inspire une conduite aussi visiblement entachée d'égoïsme et de mauvaise foi, ne doit point détourner l'attention de la cause réelle du mal, et du vrai moyen d'y porter remède. Avec les meilleures intentions, le ministère, par son incapacité, est hors d'état d'introduire dans les dépenses publiques un véritable esprit d'économie. Du reste, l'impartialité exige qu'on reconnaisse que ceux qui critiquent sa conduite n'ont pas en général, sur cet article fondamental, des idées plus justes que les siennes.

Sire, ce n'est point par les détails, c'est par l'ensemble, qu'il faut chercher aujourd'hui à perfectionner le budget. Je suis persuadé que, si Votre Majesté commandait à son ministère d'opérer dans le budget une économie réelle de dix millions seulement, il ne saurait comment en venir à bout, et il la déclarerait peut-être impraticable; tandis qu'au contraire, si Votre Majesté lui enjoignait de présenter, pour l'année prochaine, un budget réduit de cent millions, sous peine d'être mis en accusation, il finirait par trouver les moyens de remplir cette condition. La raison en est simple : dans le premier cas, il ne chercherait que des économies partielles et isolées, à chacune desquelles autant de motifs également partiels et isolés s'opposeraient avec quelque apparence de justesse ; au lieu que, dans le second cas, il serait nécessairement forcé de porter son attention sur l'ensemble du système administratif ; et les moyens d'établir un régime économique ne tarderaient pas à se présenter.

La monstruosité du budget consiste moins dans l'énormité des impôts, que dans le mauvais emploi des deniers publics, car la véritable économie ne consiste pas à *peu* dépenser, mais à *bien* dépenser. Une masse d'impôts de 900 millions, sur laquelle il n'y a pas 50 millions employés d'une manière directement utile à la nation ! En d'autres termes, des frais de plus d'un louis, pour administrer une valeur d'un petit écu ! Tel est le vice radical de notre système financier : voilà ce qui révolte le bon sens, ce qui constitue l'absurdité, et j'ose le dire, la profonde immoralité du budget. C'est sous ce point de vue général qu'il faut envisager une véritable réforme dans les finances ; toute tentative d'amélioration qui ne sera pas dirigée vers ce but sera nécessairement vaine et insignifiante.

Sire, le désordre fondamental que je viens de signaler et de caractériser dans le système financier tient, d'une manière directe et nécessaire, au désordre plus général qui existe dans le système politique, et qui consiste à faire gouverner les producteurs par les non-producteurs.

Tant que la direction des affaires publiques, c'est-à-dire des affaires des industriels, des savants et des artistes, dont l'ensemble forme la nation, sera confiée aux nobles, aux militaires, aux tonsurés, aux légistes et aux propriétaires oisifs, dont l'ensemble forme la grande association des frelons contre les abeilles, un budget vraiment économique sera de toute impossibilité ; car il résulte inévitablement d'un tel fait, que l'administration qui ne devrait jamais être qu'un moyen, devient le but du gouvernement, lequel n'est plus, à proprement parler, qu'une vaste coalition des oisifs pour vivre le plus grassement possible aux dépens des producteurs.

Il est fort loin de ma pensée d'imaginer que chacun de ceux qui ont une part dans cette grande entreprise de pillage sente l'immoralité radicale de l'état de choses dont il profite. Je suis, au contraire, persuadé que presque tous sont bien intentionnés, et qu'ils se figurent de très-bonne foi être fort utiles, et même absolument indispensables aux producteurs. Une telle illusion est dans la nature. Mais la force de leur situation les entraîne irrésistiblement, sans qu'ils s'en rendent compte, et malgré leurs intentions, dans la direction que j'ai indiquée. Le résultat est absolument le même pour les producteurs, que si les gouvernants eussent été conduits par le plus pur machiavélisme.

Un tel système administratif n'est évidemment susceptible d'économies qu'en tant qu'elles peuvent provenir de perfectionnements introduits dans le mode d'assiette et de perception de l'impôt. Or, des économies de cette espèce ne sauraient avoir aujourd'hui qu'une importance infiniment secondaire. Bien que le taux des frais de perception puisse, sans doute, être encore réduit, il est certain que les plus grandes améliorations qu'on pouvait obtenir à cet égard sont effectuées.

Si je pouvais donner ici plus de développement à cette discussion, il me serait aisé de prouver que, même sous ce rapport subalterne, la nature vicieuse du système politique actuel s'oppose aux perfectionnements les plus importants qui soient encore praticables; car, une conséquence immédiate de ce système est de faire préférer les impôts indirects, c'est-à-dire ceux dont la perception est la plus chère. Le ministère a donné, dans la session actuelle, une preuve signalée de cette prédilection, en reportant, de gaîté de cœur, sur la masse des contributions indirectes, 17 millions de la contribution foncière.

Non-seulement la nature du système politique en vigueur, ne compte aucune réduction de quelque importance dans la masse des dépenses publiques, mais, en outre, tant que cette nature ne sera point changée, il est absolument impossible que le budget ne devienne de plus en plus onéreux. C'est ce qui me reste à expliquer.

La force réelle des producteurs étant aujourd'hui infiniment supérieure, sous tous les rapports physiques et moraux, à celle des non-producteurs, le plan de gaspillage établi par ceux-ci doit évidemment finir par succomber tôt ou tard sous les justes réclamations des premiers. La seule circonstance qui puisse retarder sa chute et la seule qui la retarde en effet, c'est que les non-producteurs font corps entre eux. Ils sont étroitement organisés, quant à leurs intérêts fondamentaux, par un lien intime, résultat inaperçu de ces mêmes intérêts. Leurs divisions sont plus apparentes que réelles, ou du moins elles ne portent que sur la superficie des choses, et elles cessent aussitôt qu'il s'agit de résister aux producteurs.

Mais un tel avantage n'aurait absolument aucune valeur, si les producteurs le possédaient, de leur côté, même à un degré beaucoup moindre. De là la nécessité, pour les gouvernants, d'empêcher ceux-ci de s'unir. Or, le seul moyen un peu efficace qu'ils emploient, et qu'ils puissent employer pour cela, est de substituer, dans le plus grand nombre d'individus possible, le désir de prendre part au gaspillage, à celui de le détruire. De là, par conséquent, l'obligation de rendre facile l'acquisition du pouvoir, de multiplier les places de plus en plus, dans l'intention de créer un plus grand nombre de fonctionnaires, afin de répandre et de fortifier dans la nation le goût de cette loterie. De là, enfin, par une nécessité inévitable, l'accroissement perpétuel des dépenses publiques, tant que le système politique actuel ne sera point radicalement changé.

C'est sur ce fonds honteux qu'ont vécu tous les gouvernements qui se sont succédés en France, à partir du Directoire. Il ne faut pas se le dissimuler, Sire, c'est sur cette base aussi fragile qu'immorale, que le ministère, se traînant dans une ignoble routine, a tenté d'asseoir, depuis la restauration, l'existence de la maison de Bourbon, au lieu de la placer noblement à la tête du parti producteur, le seul moral, et le seul dont la puissance ne soit pas factice. Quelque prédilection que le ministère ait montrée, depuis 1814, pour la classe particulière de non-producteurs à laquelle il s'est dévoué aujourd'hui, il n'en a pas moins fait supporter à la nation le poids de toutes les autres classes de non-producteurs qui étaient parvenus à se faire héberger par elle sous les différents gouvernements antérieurs, et il n'en a pas moins créé lui-même un nombre considérable de nouveaux parasites[1].

1. Il est tellement vrai que, malgré l'affection exclusive du

Il suit des observations précédentes, que, par la nature du système politique actuel, la masse des dépenses publiques, bien loin de pouvoir diminuer, doit, au contraire, aller toujours croissant, tant que ce système subsistera. Le budget n'est donc susceptible d'être réellement perfectionné que par l'adoption d'un nouveau système politique. C'est par là seulement, Sire, que Votre Majesté peut réaliser le noble vœu qu'elle a si formellement exprimé dans son discours.

L'organisation du système industriel et scientifique est le seul moyen d'établir un bon budget. D'une part, en effet, ce système ayant pour but et pour résultat de donner la plus grande activité possible à toutes les entreprises de culture,

ministère pour une seule classe de non-producteurs, la nation continue toujours à porter deux bâts; qu'à l'approche du danger, on voit le ministère s'empresser, non de promettre aux producteurs de les délivrer du gaspillage, mais de déclarer à ceux des non-producteurs qu'il avait jusqu'alors paru négliger, qu'il est loin de sa pensée de contester leurs droits à vivre aux dépens de la nation. C'est ainsi que, tout récemment, le ministère, alarmé par la révolution du Piémont, s'est hâté de proposer, malgré sa tendresse pour l'ancienne noblesse, une loi destinée à garantir aux comtes et aux barons de Bonaparte, les revenus de leurs anciennes dotations. Seulement, ce revenu, ne pouvant plus être levé sur les industriels allemands ou italiens, sera soldé par les industriels français.

de fabrication et de commerce, ainsi qu'aux travaux des sciences et des beaux-arts, les deniers publics seront nécessairement employés de la manière la plus utile possible pour la nation. D'une autre part, les industriels possèdent seuls la capacité administrative proprement dite, parce que seuls ils en font une application permanente, et à leurs risques personnels. Ainsi, quand le pouvoir temporel leur sera confié, la seule impulsion de leurs habitudes, éminemment économiques, les portera nécessairement à réduire les frais de gestion et d'administration au taux le moins élevé possible. Par là, se trouveront donc remplies les deux conditions fondamentales auxquelles doit satisfaire le budget.

Tant que la société n'a qu'un but vague et indécis d'organisation, le système financier est forcément abusif, car on n'administre alors que pour administrer, et de là le vice radical que j'ai signalé dans le budget. Mais aussitôt que l'association aura directement et uniquement pour objet de développer la plus grande action possible dans la direction industrielle et scientifique, l'administration deviendra nécessairement économique, car, avec un but aussi positif, il devient tellement facile de distinguer les fonctions utiles des fonctions inutiles, ou, en d'autres termes, celles qui concourent au but proposé de celles qui n'y concourent pas, que les *sine-cures* ne sauraient être à craindre.

Si donc Votre Majesté veut réellement établir un régime d'économie, comme il est impossible d'en douter, elle doit favoriser de toute sa puissance la constitution du système industriel et scientifique. Qui veut la fin doit vouloir les moyens.

Aux considérations que je viens de soumettre à Votre Majesté, et que je regrette de ne pouvoir développer ici autant que l'exigerait leur importance, je dois ajouter l'indication d'un motif, d'une autre nature, mais qui n'en conduit pas moins à la même conclusion.

L'établissement d'un bon budget est la seule question politique à laquelle le peuple prenne un intérêt réel. Le mode de répartition du pouvoir ne le touche en aucune manière, depuis qu'il a reconnu, par l'expérience, que sa participation au gouvernement n'avait nullement amélioré sa situation. Les discussions sur la liberté, qui agitent beaucoup la classe moyenne, sont devenues à peu près indifférentes à la classe inférieure, parce qu'elle sent très-bien que, dans l'état actuel de la civilisation, l'arbitraire ne peut jamais porter sur elle.

En un mot, les vœux du peuple sont : 1° que l'impôt soit employé de manière à lui assurer du travail et de l'instruction, ses deux grands et constants besoins ; 2° que les frais de gestion et d'administration soient le moins onéreux possible. Tous les débats politiques qui ne portent directement ni sur l'un ni sur l'autre de ces deux objets, sont insusceptibles de faire sur lui une impression profonde.

Or, il est très-digne d'observation, que la faction ennemie de votre auguste dynastie, tout en prenant le masque du libéralisme pour se rendre maîtresse de l'opinion nationale, n'a nullement touché cette corde, la seule fortement populaire aujourd'hui. Il est facile de s'expliquer ce fait, sans y voir la preuve d'une faute de machiavélisme dans les élèves de Bonaparte. L'objet de leurs désirs étant la possession des abus, comment se seraient-ils engagés à en opérer la suppression, en mettant en avant, comme idée principale, le perfectionnement du budget ? ils n'auraient pu le faire sans le dénaturer entièrement. On a bien la faculté d'exploiter adroitement une opinion libérale dont le caractère est vague, tout en étant dominé par les intentions les plus illibérales : mais si elle a un caractère positif, elle ne se laisse pas manier avec la même facilité ; et la pureté d'intention devient indispensable.

Que l'explication précédente soit juste ou non, toujours est-il certain, comme fait, que le plus grand moyen de popularité n'a pas été mis en jeu par la faction bonapartiste, et que, par conséquent, le ministère peut s'en emparer en faveur de la royauté. La condition suffisante, mais indispensable pour cela, est l'adoption de l'opinion industrielle et scientifique, la seule qui puisse répondre aux vœux du peuple, ci-dessus énoncés.

Ainsi, l'adoption de cette opinion est un moyen infaillible de procurer immédiatement à la maison de Bourbon une popularité infiniment supérieure à celle de ses ennemis [1], ce qui ferait cesser toutes ses inquiétudes. Mais le ministère fait

1. On a pu mesurer la popularité de cette faction par l'inutilité des tentatives qu'elle a faites l'année dernière pour soulever le peuple, au nom de la Charte et de la loi des élections, d'où il est résulté la vérification évidente de ce fait remarquable ; le peuple ne se sent aucunement intéressé dans une lutte qui ne porte, en dernière analyse, que sur le mode de répartition des pouvoirs existants.

un calcul d'une étrange ineptie, s'il espère devenir populaire en se constituant le chevalier des gentilshommes et des tonsurés.

5° « Perfectionner le mouvement des grands » corps politiques créés par la Charte, a dit » ensuite Votre Majesté, mettre les différentes » parties de l'administration en harmonie avec » cette loi fondamentale, inspirer une confiance » générale dans la stabilité du trône et dans » l'inflexibilité des lois qui protègent les inté- » rêts de tous ; tel est le but de mes efforts.

» Pour l'atteindre, deux conditions sont né- » cessaires, le temps et le repos. Nous ne devons » pas demander à des institutions naissantes » ce qu'on ne peut attendre que de leur entier » développement, et des mœurs qu'elles sont » destinées à former. »

Sire, Votre Majesté, par l'établissement de la Charte, a mérité l'immortelle reconnaissance de la nation française et de toutes les nations civilisées. Mais autant il serait injuste de ne pas dignement apprécier un tel bienfait, autant il est nuisible de s'en exagérer l'importance, ou plutôt d'en méconnaître la véritable nature.

La Charte a placé la nation française dans la vraie route du perfectionnement, dont elle s'était constamment écartée depuis 1789. En outre, elle a donné les moyens d'introduire paisiblement et légalement toutes les améliorations qu'exige l'état présent de la civilisation. Enfin, elle a réformé l'ancien système politique aussi complétement qu'il est possible de le faire, jusqu'à ce que le nouveau système commence à se constituer. Mais c'est là que se borne son utilité.

Considérer la Charte comme étant elle-même ce système nouveau qui était, qui est encore à établir, et que la Charte est seulement destinée à préparer, me paraît, j'ose le dire, une erreur fondamentale qu'il importe au plus haut degré de rectifier, afin qu'on ne s'habitue pas à regarder la grande question politique comme résolue, quand elle n'est pas même nettement posée, ce qui est le plus grand obstacle à l'établissement d'un ordre de choses stable en France et en Europe. En un mot, la Charte n'est pas et ne saurait être une véritable constitution, dans l'acception philosophique de ce terme.

Cette assertion fondamentale sera le sujet d'un travail spécial que j'aurai l'honneur de soumettre plus tard à Votre Majesté. Je ne puis lui consacrer ici, comme aux autres questions que j'ai déjà examinées, qu'un développement peu proportionné à son extrême importance. J'espère néanmoins que les considérations ci-dessous indiquées pourront éveiller l'attention de Votre Majesté sur cette donnée essentielle.

Sire, toute association d'hommes qui a un caractère déterminé, depuis la plus simple jusqu'à la plus composée, est nécessairement, ou militaire, ou industrielle, parce qu'il ne saurait exister de véritable association sans un but commun d'activité, et qu'il n'existe que deux buts d'activité possibles pour une collection d'hommes quelconque, comme pour un seul individu, savoir, ou la conquête ou le travail. Toute nation qui n'est pas nettement organisée pour l'un ou pour l'autre de ces deux buts ne forme point une véritable association politique ; elle n'est qu'une agrégation d'individus, qui n'a qu'un caractère bâtard.

Il n'y a donc que deux véritables constitutions possibles, répondant chacune à un but d'activité différent, la constitution militaire et la constitution industrielle, dont le choix est déterminé par l'état de la civilisation de chaque nation et de celles qui l'entourent. La Charte, qui n'est ni une constitution militaire, ni une constitution industrielle, parce qu'elle voudrait être à la fois l'une et l'autre, n'est donc pas une vraie constitution.

La raison indique et les faits confirment que la constitution militaire est celle du premier état de la civilisation. Elle correspond nécessairement à l'état d'ignorance des lois de la nature, d'où résulte le défaut de moyens d'agir sur elle pour la modifier à l'avantage de l'homme. Mais à mesure que ces lois se dévoilent, et que cette action se développe, la société marche peu à peu, à l'ombre de la constitution militaire, qui se modifie graduellement, vers la constitution industrielle, véritable destination finale de l'espèce humaine civilisée.

Le moment où la constitution industrielle est mûre peut être fixé avec une certaine précision par cette double condition fondamentale : 1° Que, dans la très-grande majorité de la nation, les individus soient engagés dans des associations industrielles plus ou moins nombreuses, et liées entre elles deux à deux, trois à trois, etc., par des rapports industriels, ce qui permet d'en former un système général, en les dirigeant vers un grand but industriel commun, pour lequel elles se coordonnent d'elles-mêmes, suivant leurs fonctions respectives ; 2° que l'observation des lois de la nature soit en pleine activité, relativement à tous les différents ordres de phénomènes qu'elle présente, ce qui permet d'unir les connaissances scientifiques particulières en système général de l'étude de la nature, correspondant au système général de l'action sur la nature. Quand une société en est à ce point, et qu'elle n'est pas entourée de nations purement militaires, elle touche à la constitution industrielle.

Telle est la marche générale de l'espèce humaine, réduite à son expréssion la plus simple, en ne tenant compte que des faits principaux, de ceux qui résultent de la nature même des choses, de laquelle, en dernière analyse, les lois politiques doivent dériver, tout aussi bien que les lois scientifiques, comme l'a si bien dit l'illustre Montesquieu.

Sire, en comparant au type général dont je viens d'esquisser les grands traits, la marche effective de la société en France, jusqu'à l'époque présente, on voit que, depuis l'affranchissement des communes et l'introduction de la culture des sciences d'observation en Europe, par les Arabes, elle a fait des progrès continus et toujours croissants vers le système industriel, et que le système militaire s'est désorganisé dans la même proportion. Enfin la France est arrivée aujourd'hui au point de devoir prendre la constitution industrielle : car les conditions fondamentales ci-dessus énoncées sont aujourd'hui pleinement remplies.

En effet : 1° sur trente millions de Français, il y a vingt-neuf millions et demi d'industriels, formant entre eux différentes associations suffisamment étendues, et suffisamment combinées entre elles ; 2° l'observation de la nature est en pleine activité dans toutes ses branches ; l'astronomie, la physique, la chimie et la physiologie, qui est venue de nos jours couronner l'édifice scientifique. Enfin les nations qui entourent la France, sans avoir toutes satisfait au même degré qu'elle à ces deux grandes conditions, sont toutes néanmoins évidemment animées de la même tendance, elles sont dans la même période de leur civilisation.

Il résulte, Sire, des considérations précédemment énoncées, qu'il n'y a pas aujourd'hui, en France, d'autre constitution possible que la constitution industrielle. La Charte, qui évidemment n'est pas la constitution industrielle, ne peut donc passer pour une véritable constitution ; ou si l'on veut s'obstiner à lui donner ce titre, c'est une constitution qui ne peut acquérir de solidité, puisqu'elle n'est pas celle que l'état de la civilisation nous impose aujourd'hui. Sire, une constitution réelle ne peut jamais être inventée, elle ne peut être qu'observée. Le véritable pouvoir constituant ne peut être ni un roi, ni une assemblée ; c'est le philosophe [1] qui étudie la marche de la civilisation, et qui résume toutes les observations en une loi générale, laquelle devient principe constituant lorsqu'elle a été vérifiée par la masse des hommes éclairés. En un mot, la recherche des bases d'une constitution est, par sa nature, une fonction du pou-

1. On objectera peut-être, contre la conséquence tirée de cette assertion, que ce philosophe peut se trouver sur le trône, ou bien dans une assemblée législative. Je répondrai, quant au premier cas, que la capacité philosophique pourrait, sans doute, se rencontrer sur le trône, comme ailleurs, mais qu'elle y manquerait d'une éducation qui lui permît de recueillir les matériaux de ses observations, et d'une position sociale qui lui laissât la liberté de les coordonner. Quant au second cas, j'ajouterai qu'un philosophe peut certainement se trouver membre d'une assemblée législative, comme de toute autre société ; mais que cette qualité, bien loin d'être favorable à ses investigations politiques, leur oppose, au contraire, un très-grand obstacle, à moins qu'il ne joue dans l'assemblée aucun rôle actif, hypothèse qui détruirait l'objection proposée. Condorcet, qui fut, sans contredit, le philosophe le plus capable de la dernière moitié du dix-huitième siècle, fit plus de véritable politique après sa proscription par la Convention, que lorsqu'il en était membre influent.

voir spirituel, qui ne peut, en aucune manière, être remplie par le pouvoir temporel.

On pourrait montrer, par l'histoire, que les choses se sont toujours passées effectivement de cette manière, jusqu'à présent, quoiqu'il n'ait encore été question que de modifications plus ou moins profondes à l'ordre primordial. A plus forte raison doit-il en être ainsi, aujourd'hui qu'il s'agit d'une véritable constitution nouvelle.

Il n'est donc nullement étonnant que les prétendues constitutions inventées par les assemblées législatives de France, et l'imitation de l'une d'entre elles en Espagne, n'aient effectivement rien *constitué*. Il est de même très-naturel que la Charte, quoique conçue dans un esprit beaucoup plus expérimental, et, par conséquent, beaucoup plus sage, ne puisse rien constituer non plus. Ce dont il faudrait s'étonner à très-juste titre, ce serait qu'il en fût autrement, car cela serait absolument contraire à la nature des choses.

Qu'est-ce donc que la Charte, puisqu'elle n'est point une véritable constitution définitive ? C'est ce qu'il importe maintenant de préciser.

La Charte doit être envisagée comme une heureuse modification de l'ancien système politique, qui établit un ordre de choses provisoire et préparatoire, à l'abri duquel la société peut terminer paisiblement sa transition vers le système industriel et scientifique.

Quand le pouvoir royal et la nation auront vu, d'un commun accord, l'établissement de ce système comme étant le seul terme possible de la révolution, la plus grande difficulté sera, sans doute, vaincue, car l'état de crise cessera dès ce moment. Mais l'organisation du système n'en exigera pas moins beaucoup de temps, car une telle entreprise est lente, de sa nature, et à cause des travaux théoriques qu'elle exige, et à cause du changement qu'elle réclame dans les habitudes pratiques de presque toutes les classes, de celles qui doivent monter comme de celles qui doivent descendre. De là l'indispensable nécessité de la Charte, qui permet de travailler avec sécurité à la formation du nouveau système, de la mettre graduellement en activité, suivant le cours naturel des choses, et, par conséquent, de profiter peu à peu des avantages que doit engendrer ce système, avant même qu'il soit entièrement constitué.

De tels avantages sont certainement assez précieux pour mériter à la Charte et à son auguste fondateur l'attachement et la gratitude de la nation française. Ces deux sentiments ne sauraient perdre de leur force pour être motivés sur une appréciation réelle et positive de la Charte. Au contraire, à mesure qu'elle sera envisagée davantage sous son vrai point de vue, on sentira de plus en plus combien elle est exactement appropriée à l'époque présente, qui est véritablement une époque de transition. Le plus sûr moyen d'écarter ces jugements favorables serait précisément de persister à regarder la Charte comme étant la constitution définitive; car, malgré que la nation n'aperçoive que d'une manière extrêmement vague le vrai caractère du système vers lequel la marche de la civilisation l'entraîne aujourd'hui, elle sent, d'une manière très-réelle, quoique obscure, que l'ordre établi par la Charte ne satisfait point ses désirs fondamentaux.

L'opinion que je viens d'émettre étant d'une grande importance, puisqu'elle embrasse la grande question politique dans sa généralité, je dois la fortifier par le plus de considérations distinctes qu'il me sera possible.

Je vais avoir l'honneur d'en indiquer sommairement quelques-unes à Votre Majesté, quoique je regarde celles déjà exposées comme suffisantes pour prouver à tous les esprits susceptibles de les approfondir, que la Charte n'est point une véritable constitution.

Sire, le premier article d'une constitution, le plus important de tous, est évidemment celui qui énonce le but vers lequel on se propose, par ce contrat, de diriger la société. Si ce but n'est pas complétement exposé, tous les autres articles, qui ne sont que réglementaires par rapport au premier, restent nécessairement dans le vague, et l'acte perd dès ce moment le caractère constitutif. Un notaire, dans la rédaction d'un contrat de société, a-t-il jamais oublié d'indiquer le but de l'association ?

Telle est, néanmoins, la grande lacune que présente la Charte. Nulle part le but de l'association n'y est seulement sous-entendu. Elle commence, comme toutes les constitutions imaginées depuis 1789, par exposer les droits des Français, qui ne sauraient être nettement déterminés qu'autant que le but de la société est établi d'une manière positive, puisque les droits de chaque associé ne peuvent être fondés que sur les facultés qu'il possède, pour concourir au but commun, ainsi que cela se pratique dans toutes les associations particulières. Il est vraiment singulier qu'une chose dont la nécessité est aperçue de tout le monde pour des associations de trente ou de cent individus, ne soit conçue par personne quand ces individus s'élèvent au nombre de trente millions. Toute cette première partie de la Charte, qui est cependant la plus importante, puisqu'elle établit les principes, est une trop fidèle image du vague dans lequel sont encore plongées les idées politiques, et du fâcheux empire que la métaphysique conserve encore sur les esprits.

Aussi voyons-nous que, par cette absence de caractère déterminé, si remarquable dans la Charte, et qui résulte de ce que le but d'activité de la société et du gouvernement n'y est nullement indiqué, soit explicitement, soit implicitement, on peut la faire servir à organiser la société dans les sens les plus opposés. On peut l'employer au rétablissement du système féodal et théologique dans toute sa pureté ; il suffit pour cela de substituer au mot *Chambre* le mot *État*, ce qui est en soi fort indifférent, et de donner au mot *religion de l'État* toute son acception naturelle. Certes, si la nation n'avait pas de moyens plus réels de s'opposer à ces vaines tentatives que des argumentations fondées sur la Charte, elle devrait se tenir pour battue, au moins sous le rapport logique. En second lieu, la Charte peut être mise en activité de manière à préparer l'organisation du système industriel et scientifique ; car rien, dans son texte, ne contredit formellement cette direction : telle est même, comme je crois l'avoir prouvé, sa véritable destination, telle est la seule manière saine de la vivifier, la seule qui convienne aux intérêts de la maison de Bourbon et à ceux de la nation française. Mais, quoi qu'il en soit, il faut convenir que c'est une singulière constitution, celle qui peut, à volonté, être conçue comme rétablissant l'ancien régime, ou comme préparant le régime industriel. La seule possibilité d'une telle souplesse suffirait pour prouver que la Charte n'est point une vraie constitution.

Sire, il est possible de se convaincre d'une manière directe, et indépendamment des considérations indiquées jusqu'ici, que la Charte ne peut point être envisagée comme une constitution définitive et durable ; car la Charte n'est évidemment, dans son ensemble et dans ses dispositions les plus essentielles, que la constitution anglaise, telle qu'elle est fixée depuis 1688. Elle est donc, sous ce rapport, jugeable par l'expérience.

Je commence d'abord par observer que, en Angleterre comme en France, et, en général, dans toute l'Europe occidentale, le régime parlementaire ne saurait être le régime définitif, et qu'il ne peut que servir de transition vers le système industriel, que la société est appelée à établir aujourd'hui. Les motifs sur lesquels j'ai fondé cette opinion pour la France sont, en effet, applicables à toutes les nations parvenues à la même époque de leur civilisation, et principalement à l'Angleterre.

L'Angleterre, par différentes causes qui tiennent presque toutes, en dernière analyse, à l'isolement où la place sa position géographique, a pu arriver à cette modification du système féodal et théologique, qu'on appelle le régime parlementaire, plutôt que la France, et quoique dans un degré de civilisation très-inférieur à celui où la France se trouve aujourd'hui. Il en est résulté que ce régime a pu avoir, en Angleterre, une durée qui a pu le faire prendre pour un régime définitif. Mais la circonstance que je viens d'indiquer ne change rien à la nature essentielle du régime parlementaire, qui est d'être intermédiaire et transitoire. Il en sera seulement résulté, pour l'Angleterre, que la transition y aura été plus longue qu'en France, comme cela devait être, ayant commencé dans un degré de civilisation inférieur, à une époque où la tendance continue de l'espèce humaine civilisée vers la constitution industrielle n'était point encore assez prononcée.

Du reste, cette conclusion est directement confirmée par l'observation ; car, aujourd'hui, tous les hommes qui ont considéré d'une manière approfondie l'état civil et politique de l'Angleterre, envisagé sous les rapports les plus essentiels, et surtout sous celui de la répartition de la propriété, sont généralement convaincus que la constitution anglaise touche au terme de son existence. Il serait singulier qu'on espérât consolider en France la constitution anglaise, à l'époque où elle tend évidemment vers sa chute, en Angleterre même.

Il me reste actuellement à faire voir que les causes qui ont maintenu, en Angleterre, le régime parlementaire, n'existent point en France, et que, par conséquent, ce régime ne peut prétendre ici même à cette permanence secondaire qu'il a pu avoir chez nos voisins, et qui est encore bien inférieure à celle d'un véritable système définitif.

On ne saurait trop le répéter, car c'est sur ce principe que repose toute la saine politique, une constitution n'est durable qu'autant qu'elle est, dans ses éléments essentiels, l'expression de l'état de la société, à l'époque où elle s'établit. On ne crée point une force politique, on l'enregistre au nombre des puissances dirigeantes, quand elle a acquis un développement civil suffisant, ou bien elle s'enregistre alors d'elle-même ; voilà tout. Cette reconnaissance, ou, si l'on veut, cette légitimation des forces prépondérantes qui existent dans une société à chacune des époques importantes de la civilisation, est ce qu'on appelle sa constitution, qui, sans cela, serait purement une rêverie métaphysique.

La constitution anglaise a été conforme à ce principe puisé dans la nature même des choses, et c'est pour cela qu'elle a pu être solide, tant que l'état de civilisation auquel elle correspondait n'a pas été essentiellement changé. Mais c'est par la même raison que la Charte ne peut obtenir une véritable solidité, autrement que comme constitution provisoire, parce qu'elle traite comme des forces politiques réelles des éléments qui n'ont aucune racine dans l'état de la société. Il est aisé de s'en convaincre en considérant les éléments politiques qui, avec le pouvoir royal et les communes, concourent à former la constitution anglaise. Je me bornerai ici à indiquer cette observation pour les deux plus importants de ses éléments.

Sire, la prépondérance de l'Église anglicane sur les autres communions religieuses, et son existence sous la forme d'une corporation, dont le Roi est le chef, sont, incontestablement, un des principaux soutiens de la constitution anglaise. Ce n'est pas ici le lieu d'expliquer comment Henri VIII, prenant la réforme de Luther à son origine, et avant qu'elle eût porté tous ses fruits, a pu parvenir, non à empêcher, mais du moins à retarder la désorganisation de l'ancien pouvoir spirituel, par une combinaison qui eût été impraticable un peu plus tard. Il suffit d'observer ici le fait, et de reconnaître l'importance qu'il a eue pour la solidité de la constitution anglaise. Or, existe-t-il, en France, aucun appui de ce genre ?

La Charte a bien posé en principe que le catholicisme est la religion de l'État. Cela devrait être un fait pour avoir une valeur politique ; mais il est évident que ce n'en est pas un. Il n'y a point de *religion de l'État* dans un pays où les idées théologiques, livrées depuis longtemps à la critique, ont perdu la presque totalité de leur influence. Or, avant de prétendre à se faire un appui de l'ancien pouvoir spirituel, il faudrait être parvenu à le reconstituer, ce qui, par l'état actuel des lumières, est une entreprise absurde et chimérique. Bonaparte a eu l'intention de se faire pape en France, à l'imitation d'Henri VIII, en Angleterre, comptant donner ainsi une grande solidité à son pouvoir. C'était évidemment prendre l'œuvre à rebours, et commencer par où il fallait finir, en supposant même qu'il fût possible de rendre au pouvoir théologique son ancienne suprématie.

Le pouvoir du clergé, à son origine, avait pour base fondamentale la grande supériorité de ses lumières sur celles des autres classes ; depuis que cette supériorité a disparu, et, certes, ce n'est pas d'hier, la puissance théologique a été sapée dans ses fondements ; car il est dans la nature même des choses que le pouvoir spirituel appartienne à la classe la plus éclairée.

Le seul pouvoir spirituel qui puisse aujourd'hui se constituer est celui des savants, qui correspond à la constitution industrielle, et dont les bases ont été établies de la manière la plus inébranlable par les progrès continus des sciences d'observation depuis les Arabes.

Si donc il est vrai qu'il n'y a point réellement de pouvoir spirituel dans le régime établi par la Charte, et s'il est évident qu'il ne saurait exister de véritable constitution sans pouvoir spirituel, comment penserait-on que la Charte puisse être une vraie constitution ? Comment espérerait-on même qu'elle pût avoir seulement la solidité de de la constitution anglaise, quand elle manque d'un des éléments fondamentaux de celle-ci ?

Sire, la Chambre des lords est encore une des principales puissances qui concourent au maintien de la constitution anglaise. Mais la Chambre des lords n'est une véritable force dans l'État que parce qu'elle en est une, et une très-grande dans la société, ce qui résulte de plusieurs causes, et surtout de la concentration des principales propriétés territoriales entre les mains de ses membres, maintenues dans les mêmes familles par des lois féodales qui en préviennent la dispersion. Ce pouvoir intermédiaire n'eût évidemment jamais été un auxiliaire vraiment efficace pour la royauté s'il n'eût possédé une puissance distincte et indépendante. Ce n'est en vertu d'aucune théorie d'équilibre politique arrangée d'avance que la Chambre des lords a été admise au nombre des éléments essentiels de la constitution anglaise ; c'est uniquement en vertu d'un fait, et les théories n'ont été imaginées qu'après coup. La Chambre des lords est tout naturellement entrée dans la constitution anglaise, parce que la classe des lords étant, à l'époque où cette constitution s'est fixée, une des forces civiles prépondérantes en Angleterre, on ne pouvait pas ne point l'admettre au nombre des pouvoirs politiques.

Si l'on juge la Charte d'après ces principes, qui ne sont que l'expression des faits, on reconnaît que sous ce rapport, comme sous celui que j'ai considéré tout à l'heure, elle manque de bases réelles. Qu'est-ce qu'une Chambre des pairs dans un pays où il n'y a plus de féodalité, et où la propriété territoriale n'est plus concentrée depuis très-longtemps dans un petit nombre de familles? Qu'est-ce que des pairs dont l'existence n'est fondée que sur les pensions ou les places que le pouvoir royal leur accorde ? C'est une force dérivée qu'on prend pour une force propre. Il n'y a en France, ni la pairie anglaise, ni aucun des éléments susceptibles de la créer. La Chambre des pairs ne peut passer chez nous que pour une extension du conseil d'État, qui n'ajoute pas plus que celui-ci à la force de la royauté, et qui produit plutôt un effet contraire, puisque la royauté, au lieu de recevoir, est obligée de donner. Aussi la Chambre des pairs ne joue-t-elle qu'un rôle absolument insignifiant et presque ridicule ; elle n'a et ne peut avoir aucune importance politique [1], à peine s'aperçoit-on de son existence. Tous les débats ont lieu entre la royauté et les communes uniquement, parce qu'il n'existe effectivement aujourd'hui de véritables forces en France, que la royauté et les communes. Conserver ou supprimer la Chambre des pairs est une mesure à peu près également indifférente sous le rapport politique et qui n'offre quelque intérêt que sous le rapport financier, à cause des cinq ou six millions que la nation est obligée de payer tous les ans pour faire subsister ces lords par hypothèse.

1. M. de Montlosier a très-clairement exposé ce fait dans son dernier ouvrage.

Afin de compléter cet examen et en même temps de le résumer, je suppose qu'on demande à un publiciste anglais quelconque, et particulièrement à quelqu'un des membres du cabinet, ce que deviendrait la constitution anglaise, si on y faisait les changements suivants :

Priver le Roi de la qualité de chef de l'Église anglicane, et détruire la suprématie de cette Église ;

Enlever des Chambres le banc du Roi, ne plus y admettre les juges en leur qualité de juges, abolir les coutumes féodales dans toute l'Angleterre, abroger toutes les anciennes lois civiles, et faire de nouveaux codes pour toutes les parties du pouvoir judiciaire ;

Oter aux anciennes pairies les fortunes territoriales dont elles jouissent depuis une époque antérieure à la révolution anglaise ;

Supprimer les *bourgs pourris*, et répartir avec équité la représentation dans la Chambre des communes ;

Il n'est pas un seul publiciste anglais qui ne déclarât formellement que de pareilles suppressions ôteraient à la constitution anglaise toute sa force et toute sa solidité.

Comment donc peut-on imaginer que la Charte,

qui n'est autre chose que la constitution anglaise, et qui manque de tous les appuis précédemment indiqués, puisse acquérir de la solidité et devenir une constitution durable ?

Sire, d'après les différentes considérations que j'ai eu l'honneur de soumettre à Votre Majesté dans cet article, il me paraît démontré que la Charte ne peut nullement être envisagée comme une constitution durable et définitive. L'ordre de choses qu'elle établit ne doit être conçu que comme un régime provisoire, ayant pour objet de faciliter la transition de la société vers la constitution industrielle, la seule qui puisse aujourd'hui se consolider.

Cette manière d'envisager la Charte, bien loin de devoir alarmer Votre Majesté, est, au contraire, la seule qui puisse amener les peuples dans une direction saine et conciliante, car les peuples sentent, par une sorte d'instinct, que la Charte n'est pas ce nouveau système politique dont ils éprouvent si vivement le besoin sans en comprendre nettement la nature. Ils sont portés par cette ignorance à chercher, dans des modifications encore plus grandes de l'ancien système politique, ce qu'ils ne peuvent réellement trouver que dans l'organisation du système industriel et scientifique. Leurs esprits se trouvent donc naturellement engagés dans une direction hostile, plus ou moins fortement prononcée, à l'égard de la Charte. Si, au contraire, l'opinion qui fait concevoir la Charte comme un moyen nécessaire de transition vers la constitution industrielle devenait dominante, les peuples sentiraient immédiatement que si la Charte ne remplit pas les conditions qu'ils exigent dans le régime définitif, objet de leurs désirs, elle satisfait parfaitement à toutes celles qu'ils peuvent demander pour l'ordre de choses provisoire destiné à préparer ce régime.

« 6° Nous ne devons pas demander à des ins-
» titutions naissantes ce qu'on ne peut attendre
» que de leur entier développement et des mœurs
» qu'elles sont destinées à former.

» Jusque-là, sachons reconnaître que, dans
» les affaires publiques, la patience et la modé-
» ration sont aussi des puissances, et celles de
» toutes qui trompent le moins. »

La pensée contenue dans ce passage appelle naturellement une observation importante, que je vais avoir l'honneur de soumettre en peu de mots à la critique éclairée de Votre Majesté.

Sire, l'objet de ce passage a été sans doute

d'engager la nation française à supporter avec patience le malaise politique dont elle est accablée, et à attendre avec modération de l'entier développement de la Charte l'accomplissement de ses vœux.

Le négociant qui vient d'expédier un navire pour le commerce de l'Inde ne s'attend pas à obtenir de suite les bénéfices que son entreprise doit lui procurer. Quelque pressé qu'il puisse être d'en jouir, il sait qu'une telle expédition exige du temps, et il prend patience jusqu'à ce que le terme naturel soit arrivé. Mais si le vaisseau, chargé depuis longtemps, restait dans le port pendant des mois entiers, malgré que le vent fût favorable, ou, à plus forte raison, si les conducteurs du navire, après s'être mis en mer, prenaient une route absolument opposée à celle de l'Inde, conviendrait-il d'exhorter le négociant à prendre son mal en patience, et à attendre paisiblement qu'une entreprise aussi mal conduite eût atteint son succès ? Et, si son existence toute entière s'y trouvait attachée, un tel langage serait non-seulement absurde, mais cruellement dérisoire.

Tel est, néanmoins, le point de vue véritable sous lequel la marche insensée du ministère a présenté l'exhortation adressée par Votre Majesté à la nation française, dans le passage cité, exhortation qui, à l'envisager abstraitement, n'offre rien que de raisonnable.

Que la royauté se place à la tête du mouvement général qui pousse aujourd'hui la société vers l'établissement du système industriel et scientifique, et alors une vaste carrière d'améliorations larges, évidentes et assurées, dont plusieurs peuvent être très-prochaines, s'ouvrant aux yeux de la nation française, elle distinguera parfaitement d'elle-même les perfectionnements immédiatement praticables, de ceux que peut seul amener l'entier développement de ce système. Mais, si le ministère persiste dans ses folles tentatives pour rétablir le système féodal et théologique, la nation aura bien sans doute le droit d'en témoigner de l'impatience et même de l'indignation. Bien loin que, sous ce rapport, le peuple français ait manifesté des dispositions blâmables, il a mérité, j'ose le dire, des hommages de reconnaissance de la part de la royauté pour la patience et la modération vraiment admirables, avec lesquelles il a supporté depuis six ans les fâcheuses conséquences de l'incapacité ministérielle, soutenu par la seule espérance que le pouvoir royal ouvrirait enfin les yeux sur l'ineptie de ses conseillers. Votre majesté, je le dis sans hésiter, n'a pas rendu assez de justice, dans son discours, à cette sage et généreuse disposition. La nation française a été patiente, modérée et confiante, beaucoup plus même que la royauté n'avait le droit de l'exiger d'après la conduite du ministère. Mais le ministère se souviendra peut-être que toute patience a des bornes, et il s'arrêtera avant d'avoir comblé la mesure.

Le passage ci-dessus rapporté peut être considéré sous un second point de vue, encore plus important.

Votre Majesté paraît persuadée, suivant ce passage, que la patience et la modération sont les puissances politiques sur lesquelles il faut compter principalement. Je ne crains pas d'avouer que cette opinion me semble erronée, parce que ces forces sont, de leur nature, purement passives, et, par là même, tout à fait disproportionnées avec l'état présent des choses qui exige que les puissances les plus essentiellement actives soient mises en jeu, autant pour l'intérêt des rois que pour celui des peuples.

Quand une société cesse d'être active dans une certaine direction, il faut qu'elle le devienne dans une autre; car le premier besoin d'une nation quelconque, et surtout de la nation française, est l'activité. Les Français ont été vivement exaltés dans le sens militaire, sous la domination de Bonaparte ; il faut les exalter aujourd'hui encore plus vivement dans le sens industriel ; et, certes, rien n'est plus facile. C'est le seul moyen de détruire les souvenirs de gloire qu'ils attachent encore à cette époque rétrograde, et sur lesquels est fondée, en grande partie, l'influence que la faction ennemie de votre dynastie exerce encore sur les esprits.

Les hommes prudents et modérés ont fait beaucoup de mal pendant la révolution, parce qu'ils ont laissé prendre aux ambitieux et aux intrigants un ascendant qu'ils eussent rendu impossible en déployant une énergie égale à celle des factieux. Cette triste expérience a pleinement confirmé cette vérité déjà surabondamment prouvée par la connaissance de l'homme, et par l'histoire de tous les temps : pour résister avec une entière efficacité, il faut opposer activité à activité. Ainsi, dans les affaires publiques, encore plus que dans les affaires privées, la patience et la modération, bien loin d'être « les puissances qui trompent le moins », sont, au contraire celles qui trompent le plus, parce qu'on les suppose ordinairement susceptibles d'une très-grande force de résistance qu'elles n'ont pas et qu'elles ne sauraient avoir.

Aujourd'hui, il est certain que l'apathie politique des industriels et des savants est précisément le plus grand obstacle à l'établissement d'une tranquillité durable, celui qu'il est le plus urgent de surmonter. Il en résulte, en effet, que la direction de l'opinion nationale se trouve encore appartenir nécessairement aux gens incapables, aux ambitieux, et aux intrigants, qui sont encore les seuls actifs. Les industriels et les savants ne se réservent d'autre droit que celui de critiquer le plan arrêté par ceux-là, ce qui ne peut évidemment aboutir à rien tant qu'ils ne s'investiront pas eux-mêmes de la direction de la cause nationale, c'est-à-dire de la leur.

Ainsi, bien loin que Votre Majesté doive compter sur la patience et la modération comme puissances politiques, elle doit, au contraire, regarder comme un véritable fléau l'inactivité politique de la masse de la nation. La mesure la plus efficace qu'elle puisse adopter en faveur de son auguste dynastie, c'est de déterminer, en se plaçant à leur tête, les savants et les industriels à devenir actifs sous le rapport politique, car eux seuls peuvent rendre vains les projets des factieux.

Entre la chute d'un système et l'établissement d'un autre, il y a nécessairement une époque plus ou moins longue d'inactivité politique. Mais se représenter comme permanent cet état de transition, se figurer que la nation française puisse se reposer tranquillement dans la nullité politique, est évidemment une erreur, et une erreur très-grave. La nation française éprouve le besoin de jouer un premier rôle en Europe, et c'est dans la direction industrielle et scientifique qu'elle tend à le jouer. Tant que l'ordre politique ne sera point conforme à cette tendance nationale, la société sera nécessairement dans un état de crise.

7° Votre Majesté a terminé son discours en annonçant que, d'après son espérance, « cette » session achèvera l'ouvrage heureusement com- » mencé par la session dernière. »

Le ministère n'a que trop exactement accompli cette partie des promesses faites par Votre Majesté.

Dans la session dernière, il avait clairement manifesté l'intention de devenir le don Quichotte des gentilshommes et des tonsurés. Il avait établi pour eux les moyens de se trouver en majorité dans la chambre dite des communes, et il leur avait assuré, en outre, ce monopole de la discussion, si indispensable à la débilité et à l'impopularité de cette faction. Dans la session actuelle, le ministère est sorti des mesures simplement préparatoires ; il a commencé ses tentatives directes pour organiser la machine politique dans le sens féodal et théologique.

C'est dans ce but, que le ministère a fait rendre une ordonnance sur l'instruction publique, dont la tendance évidente est de donner au clergé la direction de l'éducation nationale, et qu'il a proposé une loi sur les municipalités, dont l'objet manifeste est de mettre les gentilshommes, les fonctionnaires publics, les légistes, les propriétaires oisifs, en un mot, toute la troupe des non-producteurs, à la tête des communes de France. Il me reste à appeler un instant l'attention de Votre Majesté sur ces deux grands actes de folie.

Sire, l'éducation nationale est la fonction spéciale du pouvoir spirituel. Or, ce n'est point en vertu d'une ordonnance, ni d'une loi, ni d'une charte quelconque, qu'une classe d'hommes peut devenir pouvoir spirituel; c'est uniquement par la supériorité de ses lumières. Telle a été, effectivement, dans l'origine, la base de la puissance du clergé. Mais, depuis longtemps, cette supériorité s'est complétement dissipée, et elle a passé tout entière du côté des savants, qui possèdent seuls aujourd'hui toutes les connaissances réelles existantes. C'est là un fait que toutes les ordonnances, et même toutes les constitutions possibles ne sauraient changer. Ainsi, le pouvoir spirituel est réellement entre les mains des savants, ce qui est clairement vérifié par l'observation, puisqu'il est constant qu'eux seuls aujourd'hui ont le pouvoir de commander à la croyance universelle. Une ordonnance raisonnable sur cette matière ne doit avoir pour objet que de reconnaître solennellement ce fait, au lieu de lutter contre lui, et d'en adopter ou plutôt d'en régulariser l'inévitable conséquence, en confiant aux savants la direction suprême de l'éducation nationale.

Des hommes dont le faux esprit est constamment occupé à combiner des éléments qui s'excluent comme appartenant à des systèmes différents, pensent qu'il faut tout concilier en accordant aux savants la partie de l'éducation relative aux connaissances positives, et en laissant au clergé l'enseignement de la morale. Qu'un tel état de choses ait pu et même ait dû exister transitoirement entre l'époque de la décrépitude de l'ancien pouvoir spirituel et celle de la maturité du nouveau, cela était inévitable, et c'est un des deux grands traits de cette profonde anarchie dans laquelle a dû se trouver la société depuis la décadence de l'ancien système politique, jusqu'à la constitution finale du nouveau. Mais qu'un désordre aussi fondamental soit conçu comme un état permanent et régulier de la société, cela est étrangement absurde. En thèse générale, il est monstrueux que l'enseignement de la morale et celui des connaissances positives soient confiés à des corps différents ; car il est monstrueux[1] que les ignorants soient chargés de conduire les gens éclairés. La pre-

1. Pour percevoir cette monstruosité dans tout son jour, on peut se figurer le cas où le jeune élève d'un collége est plus instruit que l'aumônier chargé de lui enseigner la morale. Si ce cas ne se réalise point dans nos colléges, vu la pauvre éducation que la jeunesse y reçoit, du moins arrive-t-il couramment, dans les hauts établissements d'instruction, tels que l'École Polytechnique, l'École Normale, etc. D'ailleurs, un fait parfaitement analogue a lieu dans toutes les églises chaque jour de prédication.

mière condition pour commander la croyance à des préceptes est la conscience intime, dans celui qui les reçoit, de la supériorité des lumières de celui qui les donne. Une seconde condition, dont la nécessité est encore plus évidente, est la moralité constatée du corps enseignant ; et le clergé a depuis longtemps perdu toute influence sous ce second rapport, comme sous le premier, parce qu'il s'est dépouillé du caractère chrétien pour prendre le caractère rétrograde.

Sire, l'éducation nationale doit aujourd'hui se reconstituer, entre les mains des savants, sur un plan entièrement neuf. Le ministère pouvait se couvrir de gloire en mettant en activité cette belle et noble entreprise, la seule de ce genre qui puisse ne pas être éphémère. Il a préféré se couvrir de ridicule, en s'efforçant de rétablir, au profit des tonsurés, le plan d'éducation fait pour le quatorzième siècle.

Le projet de loi sur les municipalités donne lieu à des observations essentiellement analogues aux précédentes. On peut dire que, par cette mesure, le ministère s'est constitué en opposition avec un grand fait temporel, comme, par la précédente, avec un grand fait spirituel.

Dirigé par un esprit superficiel, ébloui d'une

puissance éphémère, n'ayant jamais mesuré la véritable force du pouvoir, ne s'étant jamais élevé jusqu'à l'idée que cette force n'a d'effet durable qu'autant qu'elle est en rapport avec l'ordre intérieur de la société, tel qu'il résulte de l'état de la civilisation, le ministère a imaginé qu'il suffisait de déclarer par une ordonnance que telle classe d'hommes serait les *notables* de la nation, pour qu'elle le fût effectivement. Dès lors, partant du principe, juste en lui-même, que l'administration municipale doit être confiée aux *notables*, il a conçu la pensée de la mettre entre les mains des gentilshommes, des fonctionnaires publics, des légistes, et des propriétaires oisifs, en les proclamant, de sa propre autorité, les *notables* de la nation française. A l'observation d'un fait, il a substitué l'énonciation de sa faible volonté.

Si un projet aussi extravagant pouvait se réaliser pendant quelque temps, l'administration municipale qui, par sa nature, doit être de toutes la plus populaire, se trouverait abandonnée à des hommes qui n'exercent sur le peuple aucune influence réelle et permanente, et qui n'ont aucun moyen d'obtenir sa confiance. Cette administration serait donc beaucoup plus mal organisée qu'elle ne l'a été depuis l'affranchissement des communes, il y a six siècles ; heureusement que la monstruosité de quelques conséquences pareilles ouvrira, sans doute, les yeux de la royauté sur l'absurdité du principe de conduite adopté par le ministère.

Sire, dans une nation composée de vingt-neuf millions et demi de producteurs, contre cinq cent mille non-producteurs, il est aisé de décider dans laquelle de ces deux classes doivent être choisies les administrations municipales, parce qu'il est facile de déterminer où sont les véritables *notables*. Les gentilshommes, les fonctionnaires publics, les légistes et les propriétaires oisifs, malgré toute l'importance qu'ils se croient et qu'on leur suppose ordinairement, ne sont nullement *notables* sous quelque rapport qu'on les considère aujourd'hui. Ces classes ne possèdent aucune des supériorités sociales véritables, ni celle de la force physique, ni celle même des richesses, ni celle de l'intelligence et des lumières ; elles n'ont aucune action sur le peuple, qui voit en elles, par son instinct naturel, une troupe de frelons coalisés contre les abeilles. Sous quel rapport seraient-ils donc *notables ?* Il n'y a pas, aujourd'hui, en France, d'autres *notables*, à l'exception des savants et des artistes, que les chefs[1] des travaux de culture, de fabrication et de commerce. C'est en eux que se trouve exclusivement la puissance d'agir sur le peuple, parce que c'est à eux que le peuple est habituellement subordonné dans ses relations journalières.

De ce fait incontestable résulte immédiatement la nécessité de prendre dans ces dernières classes les administrations municipales. La nature des choses ne permet pas, à cet égard, la liberté du choix, parce qu'elle fixe très-précisément la condition à laquelle il faut satisfaire, sous peine de nullité. Cette condition évidente est qu'une administration, destinée essentiellement à agir sur le peuple d'une manière directe, doit être confiée aux hommes qui exercent le plus d'influence sur lui. Agir autrement, c'est constituer l'ordre politique en opposition avec l'ordre social ou civil, ce qui est impossible pour un temps durable. Toute la discussion ne peut donc porter que sur la question de savoir quels sont les hommes qui exercent le plus d'in-

1. J'entends ici par *chefs* des différents travaux, tous les industriels qui ne sont pas purement *ouvriers*, c'est-à-dire exécutants, et qui prennent une part plus ou moins grande à la direction des travaux.

fluence sur le peuple. Amenée à ces termes, la solution se présente d'elle-même, à moins qu'on ne fasse intervenir la ténébreuse métaphysique dans une recherche qui se réduit naturellement à la simple observation d'un fait.

Il me reste, Sire, à présenter sommairement à Votre Majesté le résultat commun des différentes considérations exposées dans cette adresse.

Le plan général de politique adopté par le ministère, et même par les cabinets de tous les rois de l'Europe, unis pour le suivre en commun, est radicalement absurde dans toutes ses parties, parce qu'il imprime aux gouvernements une tendance directement opposée à celle de la civilisation européenne.

Ce plan est encore plus funeste aux intérêts de votre auguste dynastie, dont il compromet le sort de la manière la plus imminente, qu'à ceux de la nation française, dont la cause est, par elle-même, assez robuste pour braver toutes les conséquences de l'ineptie ministérielle, quelque fâcheuses qu'elles puissent être.

Il alimente continuellement l'influence de la faction dirigée par la noblesse de Bonaparte, dont l'ascendant sur l'opinion nationale s'accroît de jour en jour, suivant une déplorable progression, à mesure que le ministère fait de nouveaux efforts en faveur des gentilshommes et des tonsurés.

Enfin (et ce trait seul suffirait pour faire apprécier un plan aussi insensé), il est même absolument contraire aux vrais intérêts de la poignée de factieux pour lesquels il est combiné, et dont le parti le plus sage serait de se renfermer dans leur nullité naturelle. En les laissant se livrer, dans leur débile fureur, à la poursuite de leurs projets chimériques, le ministère leur prépare involontairement le sort de l'insecte téméraire qui ose agacer le lion.

Le vice fondamental de ce plan consiste à donner pour appuis à la royauté, des classes caduques, qui n'ont plus aucune force réelle, qui empruntent au pouvoir royal toute leur prépondérance factice, et qui, par conséquent, au lieu d'être pour lui des soutiens, sont, au contraire, de véritables charges; et des charges très-difficiles à supporter, vu l'entière impopularité de ces classes, ou plutôt l'extrême aversion qu'elles inspirent au corps de la nation. Il en résulte nécessairement, comme conséquence générale, que ce plan, bien loin de pouvoir terminer la crise profonde dans laquelle la société se trouve plongée, tend de la manière la plus directe, à la prolonger et à l'aggraver de plus en plus, à lui conserver le caractère anarchique, en séparant de plus en plus les uns des autres les peuples et les rois.

Le seul principe de conduite qui puisse terminer la crise, le seul donc qui soit conforme aux vrais intérêts des rois autant qu'à ceux des peuples, consiste à donner pour appuis à la royauté, et à mettre immédiatement en activité politique, les forces sociales qui sont aujourd'hui devenues prépondérantes ; en un mot, placer la royauté à la tête du mouvement irrésistible qui entraîne la société actuelle vers le système d'organisation qui établira un nouveau pouvoir spirituel entre les mains des savants, et un nouveau pouvoir temporel entre les mains des chefs des travaux industriels.

L'espèce humaine civilisée a toujours tendu vers ce système, depuis sa première enfance, mais spécialement depuis l'affranchissement des communes et l'introduction des sciences positives en Europe par les Arabes. A partir de cette époque mémorable, à laquelle on doit rapporter l'origine directe du système industriel et scientifique, l'ordre intérieur de la société s'est établi sur cette base par degrés insensibles. Cette organisation civile, ou élémentaire, est aujourd'hui pleinement effectuée dans les pays les plus civilisés, et particulièrement en France. Le moment est enfin arrivé de travailler directement à la constitution politique, ou générale, du nouveau système. La sagesse conseille aux rois de se faire les chefs de cette entreprise, afin qu'elle ne s'opère point sans eux et malgré eux.

Il a fallu, j'ose le dire, des méditations longtemps prolongées sur la marche de la civilisation, pour s'élever à cette vue générale, qui lie et qui domine tous les faits. Mais, une fois trouvée, le plus simple bon sens suffit pour en reconnaître la vérité, tant elle est en harmonie avec l'état réel des choses. Le jugement à porter se réduit, pour ainsi dire, à une simple question de statistique.

Un coup d'œil d'ensemble jeté sur le tableau statistique de la France démontre, en effet, avec une parfaite évidence, que les masses d'hommes organisés entre eux d'après le système industriel et scientifique possèdent, à un degré immense, sur leurs adversaires, toutes les supériorités réelles; celle du nombre, celle de la force physique, celle des richesses, celle de la capacité administrative, celle de la moralité, celle enfin si décisive de l'intelligence et des connaissances positives acquises. Un résultat aussi frappant montre combien il est absurde que cette immense majorité soit contrariée dans sa marche par les autres classes de la population, combien il serait contraire à la nature des choses que ce surplus faible et parasite conservât plus longtemps la direction d'une société avec laquelle il n'a rien d'homogène.

Sire, la conclusion générale de cet écrit est donc que Votre Majesté doit s'investir du caractère de roi fondateur du système industriel et scientifique, et mettre en activité, le plus promptement possible, le travail théorique et pratique nécessaire pour développer la constitution politique de ce système, en regardant la Charte comme un règlement provisoire, destiné uniquement à gouverner la société pendant tout le temps que durera cette transition, ainsi que je crois l'avoir prouvé dans la partie de cette adresse relative à la Charte.

Le motif qui empêche Votre Majesté d'adopter un plan de conduite aussi évidemment dicté par la nature même des choses, c'est, d'abord, l'ignorance où sa position la retient nécessairement du véritable état de la société ; c'est, en second lieu, la persuasion naturelle de l'extrême difficulté de cette grande entreprise. Mais il est aisé de détruire cette dernière objection.

Sire, en tout temps, en tout pays, ce qui est difficile, ce n'est pas de suivre en la dirigeant la tendance générale d'une société, quelque grandes que puissent être les innovations qu'elle provoque ; c'est de faire marcher une nation dans un sens contraire à celui dans lequel elle est poussée par l'effet de sa civilisation ; car, dans le premier cas, on a pour soi toutes les forces politiques principales, et, dans le second, on les a toutes contre soi.

Ce qui était difficile à l'époque de l'origine du christianisme, ce n'était pas de faire triompher la religion chrétienne ; c'était, au contraire, d'empêcher la chute du polythéisme, arrivé depuis longtemps à sa décrépitude. Voilà ce qui était si fortement impraticable, que le talent et la puissance de l'empereur Julien, du maître de l'univers alors connu, employant toutes ses forces dans cette malencontreuse direction, n'ont pu en venir à bout.

Ce qui était difficile lorsque Luther a quitté sa

cellule pour prêcher la réforme du catholicisme, ce n'était pas de détruire la puissance papale, quelque grande qu'elle fût en apparence ; c'était, au contraire, de prolonger l'empire d'un pouvoir déjà ruiné dans ses bases depuis deux siècles. Cela était tellement impossible, que tous les efforts des papes, secondés par tout le pouvoir de Charles-Quint et de ses successeurs, et par toute l'habileté des Jésuites, y ont complétement échoué, même dans la plupart des pays qui ont continué à s'appeler catholiques.

Ce qui est difficile, aujourd'hui, ce n'est pas de constituer le système industriel et scientifique, préparé par tous les progrès de la civilisation dans les siècles antérieurs ; c'est, au contraire, de l'empêcher de se constituer, c'est de rétablir le système féodal et théologique, sapé dans ses fondements depuis six siècles, et successivement détruit dans toutes ses parties pendant cette période, d'une manière si complète, que la génération présente cherche vainement dans les débris de ce système une voie pour se faire une faible image de ce qu'il était. Voilà ce qui est non-seulement difficile, mais absolument chimérique, et au-dessus de tout pouvoir humain.

Cette impossibilité est telle que Bonaparte, avec les moyens immenses dont il a disposé, et favorisé par les circonstances qui pouvaient le mieux seconder ses efforts, si un tel dessein eût été susceptible de succès, a succombé dans cette entreprise, quoiqu'il y eût appliqué toutes ses forces, avec toute la profondeur d'intelligence qui était compatible avec la médiocrité d'une telle conception.

Le ministère actuel, qui se traîne honteusement sur les traces de Bonaparte, sans l'égaler le moins du monde, ni en énergie, ni en habileté pour le machiavélisme ; en un mot, sans avoir rien de lui que l'absurdité de ses projets, aurait-il espéré, dans sa présomption, obtenir plus de succès, en renouvelant la même tentative quand la faveur des circonstances a disparu sans retour ? Certes, il faut une profonde et incurable incapacité pour que le rocher vivant de Sainte-Hélène n'offre qu'une leçon stérile aux conseillers de la maison de Bourbon.

Sire, Votre Majesté doit donc être pleinement rassurée sur les prétendues difficultés qu'elle éprouverait dans sa marche, en prenant le caractère de roi fondateur de la constitution industrielle et scientifique. Cette entreprise est, au contraire, aujourd'hui, la plus facile de toutes à conduire, ou plutôt la seule facile, parce qu'elle est la seule qui puisse se consolider. Il n'y a qu'une impulsion à donner, le reste s'effectuera de soi-même par la seule force des choses.

Votre Majesté reconnaîtrait bientôt la justesse de cette assertion, si elle adoptait le principe politique général que j'ai l'honneur de lui proposer.

Sa conduite irriterait, sans doute, toute la troupe des frelons, qui feraient cesser immédiatement leurs dissensions intestines, leurs querelles de famille, pour unir toutes leurs forces contre un tel plan. Mais ce même plan mettrait sur-le-champ en activité, et ferait concourir avec la royauté, les véritables forces politiques, celles des savants, des chefs industriels, et du peuple ; forces qui sont, pour ainsi dire, des troupes fraîches en politique, car elles n'ont jamais lutté jusqu'à présent avec leur véritable caractère fondamental. Soutenue par de tels appuis, Votre Majesté pourrait entendre sans s'émouvoir les vaines criailleries des gentilshommes, des tonsurés, des militaires, des propriétaires fainéants et des légistes. D'ailleurs, si les bourdonnements des frelons prenaient un caractère trop séditieux, les abeilles sauraient leur apprendre que si leur fonction est de fabriquer le miel, elles n'en ont pas moins un aiguillon pour punir les perturbateurs de la ruche.

Sire, le bien public, le salut de votre auguste dynastie, et la facilité même de l'entreprise, font donc une loi à Votre Majesté de prendre à la fois pour principe et pour but de toute sa politique, le système industriel et scientifique. Mais une considération d'un ordre infiniment plus élevé lui en impose l'obligation d'une manière beaucoup plus pressante ; car elle lui prescrit cette conduite comme un devoir sacré, ordonné par Dieu même.

Sire, Votre Majesté, seule entre tous les rois, porte le titre de roi très-chrétien. De vils flatteurs ne lui représentent ce titre que comme lui donnant des droits. Je vais le lui montrer comme lui imposant des devoirs.

Si le clergé n'avait pas honteusement abandonné depuis longtemps le divin principe de la morale chrétienne, confié à sa garde, pour ne songer qu'à la conservation de son existence temporelle, qu'il a perdue sans retour par cela même qu'il s'en est exclusivement occupé ; si le clergé, en un mot, eût conservé son indépendance, c'est à lui que cette glorieuse tâche serait réservée. Mais, depuis longtemps, il s'est bassement réduit à prêcher aux peuples l'obéissance passive à l'égard des rois, sans jamais proclamer au-dessus des trônes les obligations que la morale chrétienne impose aux rois envers les peuples. Le pouvoir spirituel est irrévocablement sorti de ses mains. C'est au pouvoir spirituel appelé par la marche de la civilisation à lui succéder, qu'il appartient aujourd'hui de faire retentir, dans les palais comme dans les chaumières, la voix toute-puissante du christianisme. C'est comme membre de ce nouveau pouvoir spirituel que je vais parler à Votre Majesté.

Sire, le principe fondamental établi par le divin auteur du christianisme commande à tous les hommes de se regarder comme des frères, et de coopérer le plus complétement possible au bien-être les uns des autres. Ce principe est le plus général de tous les principes sociaux. Il comprend dans ses conséquences, non-seulement toute la morale, mais aussi toute la politique. Il est le véritable principe constituant.

A l'époque où il a été donné à l'espèce humaine, la civilisation était trop imparfaite pour qu'il pût s'organiser comme principe dirigeant.

Ainsi, il a dû être et il a été primitivement établi en dehors du gouvernement sous le nom de principe de morale, influant sur la marche de la société seulement comme principe modificateur, sans en prendre la direction. C'était tout ce qu'il était possible d'obtenir à cette époque, et ce triomphe, quoique incomplet, a été pour l'espèce humaine un bienfait immense ; c'est essentiellement par lui que les hommes sont sortis de la barbarie, c'est à lui que la civilisation a dû, en dernier ressort, tous ses progrès ultérieurs.

Néanmoins, il est parfaitement évident que le divin auteur du christianisme n'a pas condamné son ouvrage à n'être éternellement qu'une critique du système politique, à ne jamais s'élever au-dessus de l'état passif. La destination finale que Dieu lui a imprimée dès l'origine, c'est l'état actif, la direction suprême de la société.

S'il n'a pas été d'abord établi sous cette forme, c'est, évidemment, parce qu'il était nécessaire à la faiblesse de notre nature que les hommes ne parvinssent que par degrés à cet ordre final des choses, qu'ils fussent au préalable suffisamment civilisés. Mais, depuis que l'espèce humaine s'est élevée à la hauteur que l'établissement du principe divin comme présidant à la direction générale de la société devînt praticable, l'obligation de le constituer ainsi est clairement imposée à tous les chrétiens par le principe lui-même, puisque ce ne sera que de ce moment qu'il commencera à porter tous ses fruits, en devenant actif, sous le rapport politique.

Cet heureux état des choses, auquel Dieu a destiné l'espèce humaine pour l'époque où son éducation sociale serait entièrement terminée, est aujourd'hui devenu possible. Les chrétiens d'aujourd'hui sont appelés par Dieu à tirer les grandes conséquences politiques du principe général qui a été révélé aux chrétiens primitifs. Ces conséquences sont que le pouvoir temporel appartienne aux hommes utiles, laborieux et pacifiques ; que le pouvoir spirituel appartienne aux hommes qui possèdent les connaissances utiles à l'espèce humaine : en un mot, que le système industriel et scientifique se constitue. Ce système n'est autre chose que l'application la plus générale du principe fondamental du christianisme ; c'est le christianisme lui-même rendu actif, et devenu constitution politique, ainsi que Dieu l'a commandé.

Quand Dieu a prescrit aux hommes une fraternité universelle et un amour mutuel, il leur a ordonné, de la manière la plus claire, de retirer aux guerriers et aux théologiens la direction de la société, aussitôt que l'état de la civilisation le permettrait, puisque les guerres et les abstractions théologiques sont les causes les plus actives de haines, pour la confier aux industriels, aux artistes et aux savants, les seuls hommes essentiellement pacifiques, les seuls dont les travaux tendent par leur nature à unir les individus et les nations.

Quand Dieu a imposé aux hommes l'obligation de coopérer au bien-être les uns des autres, il leur a évidemment commandé d'établir, dès qu'ils seraient assez avancés dans la route du développement du christianisme, le christianisme définitif, c'est-à-dire le système politique dans lequel toutes les forces individuelles de l'espèce humaine sont coalisées pour agir sur la nature, de manière à la modifier le plus avantageusement possible, à l'aide des moyens d'action que fournissent les sciences et l'industrie, puisque cette voie est la seule par laquelle l'homme puisse améliorer sa condition, la seule par laquelle les peuples puissent parvenir à cet état d'aisance et de prospérité, auquel Dieu, en fondant le christianisme, leur a ordonné de tendre constamment.

Dieu a donc commandé, lorsqu'il a donné aux hommes le principe général du christianisme, que le premier degré de considération sociale finirait par appartenir aux savants, aux artistes et aux industriels ; que la direction de la société passerait entre leurs mains ; en un mot, que le système industriel et scientifique, ou le christianisme définitif et complet, ce qui est la même chose, serait constitué, quand il aurait été suffisamment préparé. Cette condition est aujourd'hui remplie.

Ainsi, Dieu impose aujourd'hui à tous les chrétiens l'obligation sacrée de concourir de tous leurs moyens à constituer le système iudustriel et scientifique, qui n'est que la mise en activité du principe divin.

Nier cette conséquence serait oser prétendre que Dieu a pu vouloir la fin sans vouloir les moyens ; qu'il a pu imposer aux hommes une loi impossible à pratiquer dans sa plus grande étendue.

Sire, ce commandement sacré que Dieu adresse à tous les chrétiens, comme application directe du principe fondamental établi par lui-même, il l'adresse spécialement à Votre Majesté, puisque, par sa seule résolution, elle peut, immédiatement, mettre en activité le travail nécessaire pour former la constitution industrielle et scientifique ; c'est-à-dire pour établir le christianisme définitif. Le titre de Roi Très-Chrétien augmente encore cette obligation divine pour Votre Majesté.

Si Votre Majesté tardait plus longtemps à remplir ce saint devoir, elle perdrait tous ses droits à la qualité de chrétien, elle se classerait, aux yeux de Dieu et des hommes, au-dessous même de Julien l'Apostat, puisque cet empereur avait seulement tenté d'arrêter le christianisme à sa naissance, tandis que Votre Majesté s'opposerait, dans cette hypothèse, au développement final du christianisme, à l'époque de sa pleine maturité, et, par-là, se révolterait d'une manière encore plus prononcée contre la volonté de Dieu.

Le petit-fils du généreux Henri, de ce roi vraiment très-chrétien, qui, dans un siècle encore féroce et ignorant, manifesta de nobles projets pour l'aisance du peuple et pour l'établissement d'un régime pacifique, sera sans doute fidèle à l'obligation sacrée et impérieuse que lui impose le principe de la morale chrétienne donné par Dieu lui-même.

Constantin s'est acquis une éternelle gloire, pour avoir le premier, entre les empereurs, embrassé le christianisme. Votre Majesté peut obtenir une gloire bien supérieure, en se plaçant à la tête de l'union des chrétiens, pour réorganiser la société sur les bases temporelle et spirituelle du christianisme actif et définitif, c'est-à-dire du système industriel et scientifique.

Ainsi, la route que Votre Majesté doit imprimer à la royauté est entièrement tracée par la volonté de Dieu ; il n'y a qu'à marcher. Si Votre Majesté obéit à cette impulsion sacrée, tout le grand corps des chrétiens lui décernera, au nom de Dieu, une apothéose destinée à éclipser celle de Constantin. Si elle s'y refusait absolument, une flétrissure pire que celle de Julien lui serait inévitablement réservée par la voix divine du christianisme abjuré.

Je suis avec le plus profond respect,

SIRE,

De Votre Majesté,

Le très-humble et très-fidèle sujet,

HENRI SAINT-SIMON.

POST-SCRIPTUM

Sire,

Je crois avoir suffisamment démontré dans cette Adresse que votre ministère suit une mauvaise direction. Je crois avoir clairement établi la marche qu'il devrait adopter. Il me reste à vous indiquer quels sont les moyens à employer pour passer de la mauvaise route où vous êtes, dans celle qu'il vous convient de suivre. Je vais remplir cette troisième tâche dans ce *Post-Scriptum*.

Je conseille à Votre Majesté de prendre les mesures suivantes : je lui conseille 1° de rendre les ordonnances dont je vais lui exposer les principales dispositions.

PREMIÈRE ORDONNANCE.

« Considérant que les troubles politiques qui » agitent la France depuis plus de trente ans

» ont eu pour cause principale l'ignorance du » peuple relativement à ses propres intérêts, et » la fausseté de ses idées sur les moyens qui » doivent être employés par le gouvernement » pour améliorer son existence ;

» Considérant aussi que le premier devoir du » Prince est de procurer aux enfants de tous les » citoyens une instruction solide, et voulant assu- » rer, autant que possible, à la classe la moins » aisée, la connaissance des principes qui doi- » vent servir de base à l'organisation sociale, » ainsi que celle des lois qui régissent le monde » matériel, nous avons ordonné ce qui suit :

ARTICLE PREMIER.

» Toutes les classes de l'Institut réunies feront » un catéchisme national qui renfermera l'ensei- » gnement élémentaire des principes qui doivent » servir de base à l'organisation sociale, ainsi » que l'instruction sommaire des principales lois » qui régissent le monde matériel.

ARTICLE II.

» L'Institut combinera son catéchisme de

» manière qu'il puisse être appris par le mode » d'enseignement mutuel.

» Il sera établi un nombre suffisant d'écoles » élémentaires pour que le catéchisme national » soit enseigné à tous les enfants de la présente » génération.

ARTICLE III.

» Une somme de vingt millions sera employée » à l'instruction du peuple [1]. L'Institut présen- » tera le projet d'emploi de cette somme.

DEUXIÈME ORDONNANCE.

» Considérant que le lien le plus fort qui puisse » unir les membres d'une société consiste dans » la similitude de leurs principes et de leurs » connaissances, et que cette similitude ne peut » exister que comme un résultat de l'uniformité » de l'enseignement donné à tous les citoyens, » nous avons ordonné ce qui suit :

1. En disant qu'une somme de vingt millions par an doit être employée à l'instruction du peuple, j'ai eu seulement l'intention de faire sentir toute l'importance de cet objet ; l'examen de cette affaire dans ses détails peut seul faire connaître exactement les fonds qui doivent y être consacrés.

ARTICLE PREMIER.

» L'Institut aura la surveillance de l'instruc-
» tion publique ; il ne pourra être rien enseigné
» dans les écoles de contraire aux principes éta-
» blis dans le catéchisme national.

ARTICLE II.

» Les ministres des différents cultes seront sou-
» mis pour leur prédication, de même que pour
» leur enseignement aux enfants, à la surveil-
» lance de l'Institut.

ARTICLE III.

» Aucun Français ne pourra exercer les droits
» de citoyen avant d'avoir subi un examen sur
» le catéchisme national ; l'Institut réglera le
» mode et les conditions de l'examen.

TROISIÈME ORDONNANCE.

» Considérant que les principaux chefs des
» travaux industriels sont, de tous les citoyens,
» les plus intéressés au maintien de la paix et à

» la conservation de la tranquillité intérieure ; » considérant aussi que leur intérêt personnel » leur fait désirer plus qu'à aucune autre classe » la diminution des impôts et le bon emploi des » deniers publics ; considérant, enfin, qu'ils ont » fait preuve plus qu'aucuns autres citoyens de » capacité en administration, puisque c'est prin- » cipalement à l'exercice de cette capacité qu'ils » ont dû les succès qu'ils ont obtenus dans leurs » travaux, nous avons ordonné ce qui suit :

ARTICLE PREMIER.

» Il sera formé un conseil d'industriels, qui » sera chargé de préparer le projet de budget » pour l'année 1822. Ce conseil sera composé » 1° de la chambre du commerce, 2° du conseil » général des manufactures, 3° du conseil des » régents de la Banque, 4° des douze cultivateurs » les plus importants parmi ceux qui sont atta- » chés au conseil d'agriculture.

ARTICLE II.

» Ce projet de budget sera conçu dans l'intérêt » de la majorité de la nation ; il tendra le plus » directement possible à l'amélioration de l'exis-

» tence du peuple, en favorisant les progrès et
» le développement de l'industrie.

ARTICLE III.

» Le ministre des finances fournira à la chambre du commerce tous les renseignements dont elle aura besoin pour former ce projet, ainsi que tous ceux qu'elle lui demandera.

ARTICLE IV.

» Les deux premiers articles de dépenses seront 1° celui relatif à l'instruction du peuple, 2° celui ayant pour objet d'assurer du travail à tous ceux qui n'ont point d'autre moyen d'existence.

QUATRIÈME ORDONNANCE.

» Considérant que la conservation des titres de noblesse déplaît souverainement à la nation ; considérant aussi que la conservation de ces titres entretient dans l'âme des anciens nobles l'espérance de rétablir le régime féodal, et dans celle des nouveaux nobles le désir de réorga-

» niser l'aristocratie créée par Bonaparte ; consi-
» dérant, enfin, qu'il est désirable, pour le bien
» général, que les chefs des travaux industriels
» jouissent du premier degré de considération
» temporelle, nous avons ordonné ce qui suit :

ARTICLE PREMIER.

» La nouvelle ainsi que l'ancienne noblesse
» sont supprimées, les titres féodaux sont abolis,
» aucune désignation rappelant la jouissance des
» priviléges que les nobles ont possédés ne pourra
» être employée dans les actes publics, ni dans
» ceux qui seront produits en justice.

CINQUIÈME ORDONNANCE.

« Considérant que, dans ces derniers temps,
» et à des époques très-rapprochées, les armées
» d'Espagne, de Portugal, de Naples et du Pié-
» mont, se sont insurgées contre les gouverne-
» ments de ces différents pays, et qu'elles ont
» donné, pour raison de leur conduite, que les
» rois voulaient faire de la force armée un ins-
» trument pour opprimer les citoyens laborieux
» et paisibles, voulant faire corps avec la nation

» française, et ôter, par ce moyen, tout prétexte » à l'armée française pour suivre l'exemple per- » nicieux qui lui a été donné par la force mili- » taire des nations chez lesquelles il a été opéré » des révolutions soldatesques, nous avons » ordonné ce qui suit :

ARTICLE PREMIER.

» Nous licencions la totalité de notre maison » militaire ; les individus qui la composent se- » ront incorporés dans l'armée de ligne.

ARTICLE II.

» Le service auprès de notre personne sera » fait par la garde nationale.

ARTICLE III.

» Les officiers de la garde nationale seront » renommés, les compagnies nommeront leurs » officiers, les capitaines nommeront entre eux » le chef de leur bataillon, les chefs de batail- » lons choisiront le chef de la légion dont leurs » bataillons feront partie, et les chefs de légions » choisiront le commandant général de la garde

» nationale de Paris, lequel commandant géné-
» ral sera chargé de la composition de son état-
» major.

ARTICLE IV.

» Les citoyens patentés seront les seuls qui
» pourront être nommés officiers de la garde na-
» tionale de Paris.

ARTICLE V.

» Une autre ordonnance réglera la nouvelle
» organisation de la garde nationale du royaume.

SIXIÈME ORDONNANCE.

» Considérant que la très-grande majorité de
» la Chambre des députés actuelle est compo-
» sée d'anciens et de nouveaux nobles, de pro-
» priétaires oisifs et de fonctionnaires publics ;
» reconnaissant qu'une pareille majorité est in-
» téressée à rendre des lois contraires à la pros-
» périté des travaux industriels, et voulant as-
» surer aux chefs des travaux de l'utilité la plus
» directe, la prépondérance qu'ils doivent exer-

» cer sur la formation des lois, nous avons or-
» donné ce qui suit :

ARTICLE PREMIER.

» Le parlement actuel est dissous.

ARTICLE II.

» Il sera procédé immédiatement à un nou-
» veau choix de députés, et les assemblées élec-
» torales seront convoquées à ce sujet dans le
» plus court délai possible.

ARTICLE III.

» Le choix des députés sera fait d'après le
» mode d'élection établi par la loi du 5 février
» 1817.

ARTICLE IV.

» Attendu que les chefs des travaux indus-
» triels sont de tous les citoyens les plus inté-
» ressés à la tranquillité et à l'économie dans
» les dépenses publiques, les électeurs sont
» invités à choisir des patentés ou au moins
» des citoyens partisans du régime industriel.

ARTICLE V.

» Un nouveau projet de loi sur les élections » sera présenté dans la session prochaine. »

Sire,

Je crois que Votre Majesté ferait sagement de publier, en même temps que les ordonnances précédentes, la proclamation suivante :

« LE ROI, A LA NATION.

» Français,

» Depuis 1789, on a discuté, à trois reprises » différentes, la question de la souveraineté ; il » a été fait beaucoup de métaphysique sur les » droits de l'homme, on a cherché ensuite à éta- » blir que de grands services militaires rendus » à une nation donnaient le droit de la gouver- » ner ; enfin, aujourd'hui, on forge des argu- » ments en faveur de la légitimité.

» Une autre question a fortement occupé les

» esprits. On a cherché à déterminer com-
» ment les pouvoirs politiques devaient être
» divisés pour agir comme contre-poids à l'égard
» les uns des autres. On a cherché dans quelles
» limites chacun de ces pouvoirs devait être
» renfermé, et quelles devaient être les bornes
» générales de l'autorité des gouvernants sur
» les gouvernés.

» On a travaillé aussi à rendre distincte la
» classe des gouvernants et celle des gouvernés,
» en fixant le revenu que devaient avoir les élec-
» teurs, et celui que les éligibles devaient pos-
» séder.

» Quant aux travaux de détail, ils ont été in-
» nombrables; il a été fait un code civil, un
» code criminel, un code de procédure, etc., et
» une multitude de lois réglementaires, relative-
» ment à toutes les parties de l'administration.

» Enfin, huit constitutions différentes ont été
» produites et mises successivement en activité.

» Et, après tous ces travaux qui nous ont la-
» borieusement occupés pendant trente-deux ans,
» nous sommes encore en pleine révolution,
» car le Gouvernement ne peut marcher qu'à
» l'aide des baïonnettes, et je suis obligé de me
» faire garder par des Suisses.

» A quelle cause croyez-vous que nous de-
» vons attribuer la stérilité de nos combinai-
» sons?

» Notre insuccès provient évidemment de ce que
» nous avons mal posé les questions; de ce que
» nous ne nous sommes pas placés au point de
» vue convenable pour envisager les choses;
» de ce que nous nous sommes occupés de la
» forme à donner au nouveau régime social, avant
» d'avoir arrêté les principes qui devaient lui
» servir de base.

» Les Européens sont dominés, dans ce mo-
» ment, par des idées philosophiques qui sont
» fausses et vagues; le système politique qu'ils
» veulent établir et auquel ils donnent indiffé-
» remment les noms de régime constitutionnel,
» représentatif ou parlementaire, est un système
» bâtard qui tend à prolonger inutilement l'exis-
» tence anti-scientifique et anti-industrielle des
» pouvoirs théologiques et féodaux.

» L'espérance qui existe en France depuis
» 1789, qu'une chambre composée de députés
» envoyés par toutes les parties du royaume
» découvrira les principes qui doivent servir de
» base à la nouvelle organisation sociale, qu'elle
» mettra en activité un système politique pro-

» portionné à l'état des lumières, est complé-
» tement illusoire.

» La conception du nouveau système doit être
» unitaire, c'est-à-dire cette conception doit
» être formée par une seule tête.

» Ce n'est point une assemblée que les Athé-
» niens avaient chargée du soin de leur faire
» une constitution, c'est Lycurgue seul qui a
» combiné l'organisation sociale des Spartiates.
» Une assemblée est bonne pour maintenir une
» constitution établie, mais elle est, par sa na-
» ture de collection d'individus, entièrement in-
» capable de produire un système.

» Français !

» Mettons tout amour-propre de côté, avouons-
» nous franchement et réciproquement, de prince
» à nation, et de nation à prince, que nous avons
» fait, depuis 1789, de très-mauvaise besogne en
» politique.

» Français des classes supérieures !

» Nous avons eu la vue trop courte et le cœur
» trop dur ; nous nous sommes laissé dominer

» par l'égoïsme ; nous avons abandonné la route » que le divin fondateur du christianisme nous » avait tracée. Les questions qui auraient dû » nous occuper, celles qui doivent fixer princi- » palement notre attention, sont relatives aux » intérêts de la majorité de la nation, et ces » questions doivent être positives.

» Demandons-nous *quels sont les moyens » d'accroître le plus promptement possible » la valeur du territoire de la France?*

» Demandons-nous :

» *Quels sont les moyens d'accélérer les » progrès des sciences d'observation ?*

» *Comment on doit s'y prendre pour pro- » curer aux enfants du peuple une instruc- » tion plus étendue et plus solide que celle » qu'ils ont reçue jusqu'à ce jour?*

» *Quelles sont les mesures à prendre pour » procurer aux ouvriers la plus grande quan- » tité de travail possible?*

» *Quels sont les moyens d'accroître la con- » sidération des hommes livrés à des travaux » utiles, et quels sont ceux de déconsidérer » les oisifs et ceux dont les travaux sont nui- » sibles ou inutiles à la société?*

» *Quelle serait l'organisation sociale qui*

» *assurerait le plus complétement la tran-*
» *quillité publique, et qui coûterait le meil-*
» *leur marché à la nation?*

» Français!

» La question de l'organisation sociale a été » complétement éclaircie sous son rapport le » plus important; il a été prouvé, d'une manière » claire et précise; il a été prouvé, par une dé- » monstration établie sur des faits observés, » sur l'analyse de la marche de la civilisation, » que, dans l'état présent des lumières, c'était » une conséquence directe du principe de mo- » rale donné aux hommes par le divin fondateur » du christianisme, que le pouvoir spirituel fût » dirigé par les savants positifs, et que le pou- » voir temporel fût administré par les chefs des » travaux industriels.

» Il a été démontré qu'il résulterait nécessai- » rement de l'administration du pouvoir spiri- » tuel par les savants positifs, et du pouvoir » temporel par les chefs des travaux indus- » triels:

» Que la valeur du territoire de la France » s'accroîtrait promptement;

» Que les sciences d'observation se perfec-
» tionneraient avec le plus de rapidité possible ;

» Que l'instruction publique serait immédia-
» tement améliorée ;

» Que la masse des travaux manuels serait
» considérablement augmentée ;

» Que la considération des hommes livrés à
» la direction des travaux les plus utiles serait
» solidement établie.

» Français !

» Il est devenu évident que le seul moyen
» d'établir un régime social proportionné à l'état
» des lumières consiste à placer le pouvoir spi-
» rituel entre les mains des savants positifs,
» et le pouvoir temporel dans celles des chefs
» de l'industrie ; mais il est également clair qu'il
» n'est pas possible de faire passer subitement
» le pouvoir spirituel des mains des théologiens
» dans celles des savants positifs, et le pouvoir
» temporel des mains des nobles et des bour-
» geois oisifs dans celles des chefs de l'indus-
» trie. Il restait donc à faire une combinaison,
» ayant pour objet d'opérer la transition de l'an-
» cien au nouveau régime social.

» Trois mesures m'ont paru nécessaires pour
» opérer sagement cette transition.

» La première de ces mesures consiste à
» charger l'Institut de faire un projet d'instruc-
» tion publique, et la chambre de commerce de
» Paris de former un projet de budget ;

» La seconde se borne à ma déclaration,
» que la Charte que je vous ai donnée ne doit
» point être considérée comme une constitution
» définitive, et qu'elle doit seulement être envi-
» sagée comme un régime transitoire.

» Enfin, la troisième de ces mesures est le
» renvoi de la Chambre actuelle, et l'appel im-
» médiat d'une nouvelle Chambre, choisie d'a-
» près le mode d'élection du 5 février 1817,
» lequel était plus favorable que le dernier à
» l'exclusion des oisifs ainsi que des fonction-
» naires publics, et plus propice à l'admission
» des industriels.

» Français !

» Le plus grand service que la royauté puisse
» rendre à la nation, dans les circonstances ac-
» tuelles, est celui de se constituer elle-même
» en dictature chargée d'anéantir le régime féo-

» dal et théologique, et d'établir le régime scien-
» tifique et industriel. La concentration momen-
» tanée de tous les pouvoirs politiques dans une
» seule main est la mesure au moyen de laquelle
» cette transition peut s'opérer avec le plus de
» promptitude et de facilité. Le changement ra-
» dical du système social ne peut s'effectuer que
» par des insurrections ou par la dictature ; et il
» est incontestable que la dictature est un mal
» moindre que les insurrections. L'exercice d'un
» pouvoir illimité dans les circonstances pré-
» sentes vous procurera de grands avantages,
» et il ne peut pas avoir de grands inconvénients.
» Le but que le dictateur doit faire atteindre à la
» société étant clairement déterminé, l'opinion
» publique ne lui permettrait pas de s'écarter de
» la route qu'il doit suivre.

» Une chose essentielle à remarquer, c'est que
» la dictature agira, en quelque façon, forcément
» sur la royauté ; elle mettra cette institution en
» rapport avec les intérêts de la science et avec
» ceux de l'industrie ; elle la dépouillera du ca-
» ractère féodal et théologique dont elle est en-
» core revêtue, et le roi deviendra le premier
» des industriels, de même qu'il a été le premier
» des hommes d'armes de son royaume.

» Français !

» Travaillons avec zèle, chacun en ce qui nous
» concerne, à l'organisation du christianisme
» définitif. Dieu nous a tracé la route que nous
» devons suivre ; nous n'avons qu'à marcher. »

A SON EXCELLENCE

M. LE GARDE DES SCEAUX

Monseigneur,

Dans un ministère incapable, vous êtes le seul membre qui ait montré quelque élévation dans les idées ; malheureusement, vous êtes légiste, et votre capacité philosophique n'a reçu d'autre culture que l'éducation des écoles de droit. Un homme de mérite y acquiert le talent de plaider avec une égale éloquence le pour et le contre, sur les questions même les plus importantes. Mais il y perd, dans la même proportion, la faculté de se faire une opinion personnelle et arrêtée ; outre qu'il n'y acquiert ni les matériaux ni les habitudes intellectuelles nécessaires pour former une philosophie positive. Malgré cet obstacle, il est néanmoins certain que vous êtes le seul ministre, non-seulement aujourd'hui, mais depuis longtemps, qui se soit quelquefois élevé, en politique, au-dessus de la routine. Vous seul, parmi les chefs du Gouvernement, pouvez comprendre les idées que j'ai exposées au Roi dans cette Adresse, et les mesures que j'ai pris la liberté de lui proposer. C'est donc à vous, Monseigneur, que je dois m'adresser pour vous prier de recommander cet écrit à l'attention de Sa Majesté.

Monseigneur, la lutte politique existante depuis le commencement de la révolution n'a point encore pris son véritable caractère, et telle est la cause fondamentale de toutes les inquiétudes qu'éprouvent les Rois et les Peuples.

Jusqu'à présent, cette lutte a été bâtarde, car elle n'a existé essentiellement qu'entre les classes oisives et parasites de la société. Elle n'a eu d'autre objet direct que de décider si l'exploitation des abus continuerait à appartenir comme privilége aux gentilshommes et aux tonsurés, ou si elle serait accordée par droit d'égalité aux militaires, aux légistes et aux propriétaires fainéants, qui ne sont pas nobles. Le corps de la nation, c'est-à-dire les producteurs, n'a pas encore pris dans les débats une part directe et caractéristique. Il est resté en dehors de la lutte, ou du moins il n'y est entré qu'en qualité d'auxiliaire appelé par les frelons roturiers. Tel est le véritable état des choses, non-seulement en France, mais en Italie, et généralement dans toute l'Europe occidentale.

Cette situation fausse et bâtarde ne peut évidemment être durable. Les producteurs n'attachent aucune importance à être pillés par telle classe de parasites plutôt que par telle autre. Il est clair que la lutte doit finir par exister entre la masse entière des parasites d'un côté, et la masse des producteurs de l'autre, pour décider si ceux-ci continueront à être la proie des premiers, ou s'ils obtiendront la direction suprême d'une société qui ne se compose plus aujourd'hui que d'eux seuls, essentiellement. Cette question sera résolue aussitôt qu'elle aura été posée d'une manière directe et nette, attendu l'immense supériorité de force des producteurs sur les non-producteurs.

Le moment où la lutte doit prendre son vrai caractère est actuellement arrivé. Le parti des producteurs ne va pas tarder à se montrer. Et même parmi les hommes que la naissance a placés dans les classes parasites, ceux qui ont le plus d'étendue dans l'esprit et d'élévation dans l'âme commencent à sentir que le seul rôle honorable qu'ils puissent jouer aujourd'hui consiste à user de toute leur influence pour stimuler les producteurs à entrer en activité politique, et pour leur aider à obtenir dans la direction des affaires générales la prépondérance qu'ils ont acquise dans la société.

Plus le Gouvernement cherchera, Monseigneur, à retarder cet heureux et inévitable changement, plus il prolongera les dangers auxquels la maison de Bourbon se trouve exposée ; car, tant que vous resterez dans la lutte bâtarde, vous aurez nécessairement le dessous, ayant pris parti pour une classe de non-producteurs plus faible qu'aucune autre, et plus abhorrée des producteurs. Vous ne pouvez donc être victorieux qu'en changeant la nature du combat, en déterminant la lutte vraie, en vous mettant à la tête des producteurs contre la totalité des parasites. Vous avez la tête assez forte, Monseigneur, pour ne devoir pas vous effrayer des vaines tentatives des frelons, quand vous serez soutenu par les abeilles.

M. de Montlosier, qui passe pour votre conseiller, a produit, dans son dernier ouvrage, au milieu d'un chaos d'absurdités, deux grandes et fécondes vérités, qui suffisent pour vous faire apprécier toute la force et toute la justesse du plan de conduite exposé dans cette Adresse.

Il a proclamé comme *axiomes politiques, fondamentaux, aussi positifs que ceux des sciences exactes* (ce sont ses propres expressions), les deux principes suivants, qui sont, en effet, les bases premières de toute saine politique :

« 1° Tout corps qui se place dans une con-
» stitution d'État, pour être pouvoir politique,
» sans être préalablement pouvoir civil, n'aura
» ni consistance, ni durée ;

» 2° Sans constitution écrite, un pouvoir civil,
» en cela seul qu'il est pouvoir civil, pourra
» exercer de fait le pouvoir politique [1]. »

Ces principes sont, sans doute, admis par vous, Monseigneur. Si vous en faites application, il vous sera très-facile d'établir une comparaison décisive entre le plan de conduite que vous avez adopté et celui que je propose.

1. *De la Monarchie française au 1er janvier 1821*, chapitre 8 *de la Pairie*, page 127.

Les deux suppositions que j'ai mises en regard dans la première livraison de *l'Organisateur* me paraissent le moyen le plus propre à présenter le résultat de cette application dans sa plus grande généralité, et sous son jour le plus clair. Permettez-moi, Monseigneur, de vous en rappeler sommairement les conséquences.

Si la France perdait subitement les *trois mille* citoyens les plus distingués dans toutes les branches des sciences, des beaux-arts et de l'industrie agricole, manufacturière et commerciale, elle deviendrait un corps sans âme; elle tomberait immédiatement dans un état d'infériorité vis-à-vis des nations dont elle est aujourd'hui la rivale; il lui faudrait au moins une génération entière pour se relever de cette subalternité.

Si, au contraire, on supposait que la France, conservant tous les hommes de génie qu'elle possède dans les sciences, dans les beaux-arts et dans l'industrie, vînt à perdre le même jour les *trente mille* personnages réputés les plus importants de l'État, parmi les fonctionnaires publics, les militaires, les légistes, les tonsurés, et les propriétaires fainéants, cette perte affligerait l'humanité française, mais il n'en résulterait aucun mal politique pour l'État; la nation conserverait le rang élevé qu'elle occupe entre les peuples civilisés. Les légers dérangements qu'éprouverait la machine politique, et qui ne tiendraient qu'à la difficulté de changer tout à coup d'anciennes habitudes, seraient réparés à l'instant.

Monseigneur, ces résultats vous montrent, avec une évidence parfaite, où réside véritablement aujourd'hui le pouvoir civil. Et si, comme l'a établi M. de Montlosier, le pouvoir civil est la seule base solide du pouvoir politique, il est pleinement démontré que la direction suprême de la société doit aujourd'hui passer des mains des non-producteurs dans celles des producteurs, c'est-à-dire des savants, des artistes et des industriels. Ainsi, le plan de politique exposé dans cette Adresse se trouve directement fondé sur un principe inébranlable, dont la vérité est reconnue et proclamée même par les hommes les plus prononcés en faveur de la marche vicieuse que le Gouvernement a adoptée.

Paris, imp. Paul Dupont, rue J.-J.-Rousseau, 41

FAUTE A CORRIGER

DANS LE TOME IV DES ŒUVRES DE SAINT-SIMON.

Page 30, livre 17 : et en? *Lisez* etc. ?

ŒUVRES

DE

SAINT-SIMON & D'ENFANTIN

PRÉCÉDÉES DE DEUX NOTICES HISTORIQUES

XXIIIe VOLUME

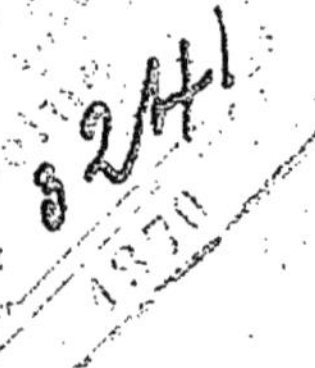

www.ingramcontent.com/pod-product-compliance
Ingram Content Group UK Ltd.
Pitfield, Milton Keynes, MK11 3LW, UK
UKHW012203240726
13966UKWH00002B/542

9 782012 464926